D0845856

NAPOLEÓN

Copyright © EDIMAT LIBROS, S. A.
C/ Primavera, 35
Polígono Industrial El Malvar
28500 Arganda del Rey
MADRID-ESPAÑA

Colección: Grandes biografías
Título: Napoleón
Dirección de la obra:
Francisco Luis Cardona Castro
*Doctor en Historia por la Universidad de
Barcelona y Catedrático*

Coordinación de textos:
*Manuel Giménez Saurina
Manuel Mas Franch
Miguel Giménez Saurina*

ISBN: 84-8403-871-8
Depósito legal: M-8252-2005

Diseño de cubierta: Juan Manuel Domínguez
Impreso en: LÁVEL Industria Gráfica

IMPRESO EN ESPAÑA – *PRINTED IN SPAIN*

INTRODUCCIÓN

Si alguna vez ha existido un verdadero genio militar, éste ha sido sin duda Napoleón Bonaparte.

Teniendo esto en cuenta, hay que reconocer que supo aprovechar las oportunidades que le brindó el destino a lo largo de su no muy dilatada existencia. Aunque no es menos cierto que desde el instante en que ostentó las charreteras de su uniforme de subteniente, Napoleón se propuso un fin, después de trazarse un plan. Para conseguirlo, estudió el ambiente, observó, escudriñó, pero sin manifestarse de manera abierta. Fue realista con los realistas y republicano con los republicanos. ¿Fue, pues, un oportunista? En modo alguno. Fue sólo un hombre que supo servirse de las ocasiones, las cuales no podían faltar a un cerebro vivo y alerta como el suyo.

Y es indudable que de su cerebro brotaron proyectos grandiosos, pues su mente era muy fecunda en recursos, y no solamente en el terreno militar sino también en el civil.

Sin embargo, tampoco le faltó el apoyo de los hombres y de la nación. Tal vez su carácter voluble, impresionable, algo vanidoso, contribuyó al triunfo de su carrera. ¿Acaso no se veían los franceses retratados un poco en él?

Por consiguiente, Napoleón sobresalió gracias a la conjunción de cuatro factores: genio, condición social, carácter francés y, asimismo, por las condiciones morales de París en su época.

Y si citamos en primer lugar el factor genio, es porque sin él no le hubiesen servido de nada los otros tres. Napoléon, antes de valerse de estos tres últimos factores tuvo que

5

llamar la atención sobre sí, tuvo que utilizar el primero para imponerse al pueblo de Francia.

A Napoleón Bonaparte se le ha motejado de dictador, de tirano, de belicista y también de bondadoso, de «padre de la patria», de gran estadista. ¿Dónde radica la verdad? Tal vez sólo en el justo medio. No es de extrañar que el individuo mimado por el destino y por todo un pueblo llegue a envanecerse, incluso en demasía. Cuanto más un hombre que era plenamente consciente de su propia valía.

Tolstoi negó las glorias de Napoleón y de sus victorias, negando asimismo su genio. Pero Tolstoi era ruso y, además, estaba equivocado, y lo estaba porque le faltaba la perspectiva del tiempo, eso que es la clave de los cambios de opinión en la Historia.

Y eso ocurre con la mayoría de genios, y entre ellos Napoléon, uno de los más descollantes. He aquí lo que puede descubrir el lector en las siguientes páginas, donde hemos pretendido trazar una biografía de ese gran genio militar que fue Napoleón Bonaparte.

Bibliografía

La bibliografía sobre Napoleón, tanto la que ensalza como la que critica su figura, es inmensa. Sus disposiciones legales y sus órdenes se recogían en dos publicaciones: *Le Moniteur* y el *Bulletin de la Grande Armée*, ambos representantes de historiografía oficial aduladora.

En 1823 apareció el *Memorial de Santa Elena*, el diario dictado por Napoleón en la isla del mismo nombre a Emmanuel de Las Cases.

Thiers escribe después su *Historia del consulado y el imperio* en 20 volúmenes, prestando atención sobre todo a la historia militar y a los aspectos diplomáticos.

En general, la oposición política a Napoleón III inspirará una historiografía crítica con el fundador de la dinastía

Bonaparte. Michelet se presenta como enemigo de la revolución, Taine como un ambicioso sin escrúpulos.

Jacques Bainville, historiador perteneciente a la extrema derecha política, escribe en 1931 la más bella y más famosa biografía sobre Napoleón. Versión castellana de Cultura Española, Madrid, 1942.

Georges Lefebvre publica en 1953 en París (PUF) un estudio plenamente científico. Demuestra que la Revolución Francesa había sido obra de una minoría y sólo podía sostenerse por una dictadura.

En esa línea se halla SOBOUL, ALBER: *Le premier empire*, París, PUF (Col. «Que sais-je»), 1973.

GODECHOT, J.: *Europa y América en la época napoleónica*, Labor-Nueva Clío, Barcelona, 1968.

TARLE, E.: *Napoleón*, Grijalbo, México, 1967.

LATREILLE, A.: *L'Ere napoléonienne*, París, Colin, 1972.

MAUROIS, A.: *Napoleón*, Ed. Destino, Barcelona, 1965, reeditada por Ed. Salvat, Barcelona, 1987.

Finalmente, un autor español, PABÓN, J.: *Las ideas y el sistema napoleónico*, Instituto de Estudios Políticos, Madrid, 1962.

CAPÍTULO I

NACIMIENTO DE UN CORSO ILUSTRE

Córcega, la isla de mayor extensión del Mediterráneo occidental, después de Cerdeña y Sicilia, fue la cuna del corso más ilustre de todos los tiempos: Napoleón Bonaparte.

Nació en Ajaccio, una población costera de dicha isla, que pertenecía y pertenece a Francia, el 15 de agosto de 1769, y fueron sus padres Leticia Ramolino, hermana uterina del cardenal Fesch, y Carlos María Bounaparte.

De acuerdo con los historiadores, basados en documentos testimoniales, Leticia era una mujer de buen carácter, muy religiosa y dedicada a sus hijos por entero. A este retrato se opone el de otros historiadores, que la presentan como romántica, religiosa hasta la mojigatería, y muy avara.

Carlos María, padre de Napoleón, había cursado estudios de Derecho en Roma y Pisa, y ya en Córcega ejerció de superintendente de la parroquia de Talavo. Cuando se inició la guerra contra Génova, en pro de la libertad, Carlos María empuñó las armas y así logró la amistad de Pascual Paoli, líder independentista corso. A raíz de esta amistad fue enviado a Versalles como presidente de la diputación corsa, con el objetivo de poner fin a las continuas disputas entre los generales Marboeuf y Pelet, que eran los dos gobernadores de la isla de Córcega*.

---

* En 1768, los genoveses habían vendido Córcega a Francia, y un año después nacería Napoleón.

El padre de Napoleón fue autor de diversas poesías antirreligiosas y filosóficas, y aquejado de una cirrosis gástrica, se marchó a Montpellier, donde falleció a los treinta y nueve años.

Los hermanos de Napoleón

Napoleón era el segundo hijo del matrimonio Bonaparte o Buonaparte. Los otros hijos fueron: José, nacido en 1768; Luciano, nacido en 1775; Elisa, que nació en 1777; Luis, nacido en 1778; Paulina, en 1780; Carolina, en 1782, y Jerónimo, en 1784.

Sin embargo, Leticia Ramolino tuvo en conjunto trece hijos, de los cuales solamente vivieron cinco varones y tres hembras.

Como ésta es una biografía somera de Napoleón Bonaparte, y por consiguiente sólo trataremos de su familia cuando las circunstancias lo aconsejen, daremos aquí los principales datos de sus hermanos, todos los cuales, gracias a Napoleón, alcanzaron cargos y dignidades encumbradas.

José Bonaparte se casó en 1794 con Julia Clary, hermana de Desirée, el primer amor de Napoleón, y esposa más tarde del conde de Bernadotte, fundadores de la dinastía real de Suecia, aún vigente en la actualidad.

José, como es bien sabido, llegó a ser nombrado rey de España, y aunque era hombre de costumbres morigeradas, los españoles, contrarios a los franceses invasores de la península, le dieron el sobrenombre de «Pepe Botella».

Luciano se casó con su prima Carlota Julia, y sólo tuvo una hija llamada Albertina. Luciano poseía una inteligencia muy viva, si bien le perdía su desmedida ambición.

Elisa se casó con el duque de Vaiocchi en 1797, y si bien su nombre de bautismo era Ana María, se lo cambió por el de Elisa al convertirse por su casamiento en gran duquesa de Toscana.

Napoleón Bonaparte, el genio militar por antonomasia.

Luis se casó con Hortensia Beauharnais en 1802, y fue hombre poco dado a las grandezas reales y al ostentoso boato; tuvo dos hijos: Luis y Carlos Napoleón.

Paulina se casó con el príncipe Borghese, aunque antes había sido la esposa del general Leclerc.

Carolina se casó con Murat y enviudó en 1815, habiendo llegado a ser reina de Nápoles. Carolina fue muy vapuleada por las críticas de su época durante su reinado por su amistad, que se tildó de carácter lésbico, con Emma Lyon, la amante de Nelson.

Finalmente, Jerónimo se casó con la princesa de Würtemberg en 1807 y fue rey de Westfalia. Era de costumbres pródigas, dilapidador de grandes fortunas.

CAPÍTULO II

INFANCIA Y ADOLESCENCIA DE NAPOLEÓN

Napoleón no se diferenció en su niñez de los demás niños de su edad, aunque tal vez fuese un poco brusco e indómito, por lo que solía reñir a menudo con sus compañeros de juego.

Fue Leticia la que cuidó de su temprana educación, en ausencia del padre, que se hallaba en Francia como diputado de la comisión de corsos, y era el arcediano Luciano, tío del pequeño Napoleón, quien la ayudaba en esta ardua tarea, pero los padres de Napoleón pensaron entonces en darle estudios y, a ser posible, una carrera, lo mismo que a los otros hijos.

José ingresó en un colegio de Autun, dispuesto a seguir la carrera del sacerdocio. Napoleón se inscribió en la Real Academia Naval de Brienne, mientras que Elisa entraba en el monasterio de Saint-Cyr.

Como estudiante, Napoleón no se sentía inclinado al estudio de las letras, por lo que jamás pudo escribir correctamente ni el francés ni el italiano.

Otro rasgo de Napoleón era el odio que en su adolescencia sentía por Francia y los franceses, que habían pisoteado y traicionado a su patria, lo cual no es óbice para que más adelante, cuando en 1796 el duque de Módena concertó un armisticio con Napoleón, a fin de conseguir los mejores términos del tratado, le dijo: «Acordaos de que sois de los nuestros», a lo que el corso le respondió tajantemente: «Yo no soy italiano sino francés.»

Anécdotas de Napoleón en la Academia Militar

Se hallaba Napoleón un día efectuando ejercicios en el patio de armas con su mosquetón, largo y pesado como todos los de aquella época, y al cometer una falta, el cadete que era su instructor le golpeó fuertemente en los nudillos, cosa contraria al reglamento. Napoleón, furioso, arrojó el arma a la cabeza del instructor. Gracias a esto, sus superiores se dieron cuenta de que era preciso tratar con prudencia al nuevo aspirante a cadete. Le dieron, pues, otro instructor: Alexandre des Mazis. Y entre éste y el joven corso no tardó en establecerse una buena amistad.

Uno de los aspectos casi ignorados de Napoleón queda ilustrado en el siguiente caso.

Estando todavía en Briennes, conoció allí a un compañero de estudios, Laugier de Bellecort, un muchacho rico, de rostro muy agraciado. Pronto empezó a mostrar señales de «ninfa», que tal era el nombre que los alumnos de Briennes aplicaban a los afeminados. Laugier seguía un curso inferior al de Napoleón, y éste, que era un buen amigo suyo pese a todo, un día le espetó:

—Te mezclas con una gente que no me gusta. Te están corrompiendo tus nuevas amistades. Tienes, pues, que elegir entre ellos y yo.

Pierre François Laugier le respondió:

—No he cambiado en absoluto. Sigo considerándote mi mejor amigo.

Napoleón sonrió y el incidente no pasó adelante de momento.

Cuando, terminado el período de Briennes, Laugier pasó a París, entró a formar parte del grupo de los homosexuales de la capital. Las autoridades de la Academia, al darse cuenta

14

de ello, pretendieron enviarlo nuevamente a Brienne, pero el ministro de Educación denegó tal petición. Cuando Pierre François trató de renovar su amistad con Napoleón, éste replicó:

—Señor, habéis despreciado mi advertencia y así habéis perdido mi amistad. No volváis a dirigirme la palabra.

Laugier, colérico, se echó sobre Napoleón por la espalda y lo empujó. Napoléon cayó, y se incorporó prestamente, luchando con Laugier hasta que logró arrojarle a su vez al suelo. El capitán de servicio le impuso un castigo a Napoleón, el cual se defendió alegando:

—He sido insultado y he tomado cumplida venganza. No tengo nada más que decir.

Y dejó plantado al capitán.

Napoleón quedó muy resentido por la reincidencia de Laugier en sus costumbres afeminadas, achacándolo al lujo del nuevo entorno. Y entonces le dirigió al ministro del Ejército un memorándum sobre la educación de la juventud «espartana», cuyo ejemplo era el que debía seguirse, según él, en las academias militares francesas. Envió una copia al padre Berton, de Brienne, con quien había trabado buena amistad durante su estancia en aquel colegio, pero el buen padre le aconsejó que olvidase el asunto, por lo que el memorándum jamás llegó a manos del ministro.

Sin embargo, debido a este episodio, mucho tiempo después, Napoleón le confesó a un amigo que él había sentido con frecuencia impulsos homosexuales, una atracción física hacia otros hombres. Y esta experiencia sexual fue la causa de que sintiera siempre tantos deseos de verlos borrados. Por otra parte, esto demuestra que Napoleón experimentó lo que puede considerarse una enfermedad mental de la época.

Fue un mes más tarde de ingresar Napoleón en la Academia Militar cuando su padre se marchó al sur de Francia para consultar a un médico. Padecía un intenso dolor gástrico y con la dieta de peras recomendada por el médico personal de

María Antonieta no había experimentado alivio alguno. En Aix, en la Provenza, consultó al profesor Turnatorio, y acto seguido pasó a Montpellier, donde había un centro especializado en hierbas medicinales. Fue reconocido allí por tres doctores, los cuales fueron incapaces de curarle. Carlos María, convencido de que se hallaba próximo su fin, pese a no haber demostrado jamás una inclinación religiosa, insistió en ver a un sacerdote, y así, en sus últimos días fue confortado por el vicario de la iglesia de San Dionisio, el cual le administró la extremaunción. Carlos María, padre de Napoleón, falleció a finales de febrero de 1785, con toda seguridad de cáncer de estómago.

A pesar de la tristeza experimentada por la pérdida de su padre, Napoleón pasó los exámenes con gran brillantez en la Academia. Sobresalió en geografía y matemáticas, y esto aparte, le gustaba mucho la esgrima. En cambio, era muy malo en danza, dibujo y en el trazado de planos. En alemán era un estudiante casi imposible, hasta el punto de que le dispensaron de asistir a esa clase.

En la promoción, obtuvo el número cuarenta y dos del grupo de cincuenta y ocho de los que recibieron el nombramiento, pero hay que tener en cuenta que Napoleón había estudiado sólo en un año lo que a los demás les había costado dos y hasta tres años de estudio. Napoleón fue oficial, pues, a los 16 años de edad.

Fue destinado al cuerpo de artillería y Luis XVI le entregó el título personalmente.

Estando en la Academia, en sus días libres, visitaba a la familia Permon. La señora Permon era corsa, conocía a los padres del joven y fue muy amable cuando Carlos María estuvo en el sur de Francia. El matrimonio tenía dos hijas: Laura y Cecilia. Napoleón, provisto con su flamante uniforme de oficial, fue a visitar a los Permon. Cuando las dos hermanas le vieron con sus piernas tan delgadas que se perdían dentro de las botas de oficial, estallaron en grandes risotadas. Napoleón se sintió muy molesto, pero Cecilia se lo reprochó, diciendo:

—Puesto que ya tienes una espada de oficial, tu deber es proteger a las damiselas y estar contento si se ríen de ti.

—No hay duda —se enfadó Napoleón—, no eres más que una chiquilla.

—¿Y tú? —replicó ella—. No eres más que un gato con botas.

Gesto característico de Napoleón fue que al día siguiente, con sus escasas economías, le compró a Cecilia un ejemplar de «El gato con botas», y a Laura una figurilla de gato con botas que corría detrás del carruaje de su amo, el marqués de Carabás.

A la sazón hacía tres años y nueve meses que Napoleón había llegado a Francia, hablando casi solamente italiano. Ahora era ya un francés, oficial de Su Majestad. De todos modos, la muerte de su padre le había llenado de responsabilidades, no siendo la menor ser él la única fuente de ingresos de su madre, viuda y con ocho hijos. Cuando tuvo que elegir regimiento, eligió el de La Fère, estacionado en Valence, o sea la guarnición más próxima a Córcega, a fin de poder visitar más a menudo a su familia.

CAPÍTULO III

NAPOLEÓN, SEGUNDO TENIENTE

A fin de ayudar a su madre, Napoleón accedió a compartir la pensión en la que vivía en Auxonne, adonde fue destinado en junio de 1788, con su hermano Luis, que contaba entonces 11 años de edad y era el hermano predilecto de Napoleón. Se dice que en aquellos tiempos, debido a la escasez de recursos que tenía, era el propio Napoleón quien guisaba y realizaba otras tareas impropias en aquella época de un segundo teniente de artillería.

Durante todo aquel tiempo, Napoleón se aficionó mucho a la lectura. Le entusiasmó la obra *Alcibíades*, y también La *Chaumière Indienne*, de Bernardin de Saint-Pierre. Era esta una literatura en la que se describía una sociedad más pastoril, más humana y más sencilla que la descrita, por ejemplo, en la obra que entonces hacía furor, *Les liaisons dangereuses (Las amistades peligrosas) de Choderlos de Laclos*, novela que retrataba la molicie de la sociedad francesa, o en *Le rideau entr' ouvert*, novela de las llamadas galantes; estas lecturas no llamaban la atención del joven Bonaparte.

Pero el segundo teniente Napoleón Bonaparte no gustaba de leer vidas de militares, historias bélicas ni libros de tácticas. Casi todas sus lecturas, no obstante, le decían una cosa: algo estaba podrido en Francia. Había corrupción en los altos cargos, pobreza en el pueblo, injusticia en la magistratura. El 27 de noviembre de 1786, escribió en su cuaderno de notas: *Somos miembros de una monarquía poderosa, pero actualmente sólo experimentamos los vicios de su Constitución.*

Napoleón, a tan corta edad, sentíase como un reformador, y un reformador necesario para la sociedad de su tiempo. Por eso sus lecturas preferidas iban desde *La República* de Platón a *La historia de Inglaterra desde la invasión de Julio César a la firma de los preliminares de la paz, 1762* de Barrow. Napoleón, por tanto, ansiaba reformar Francia, y aún más se afirmó en esta decisión cuando entre 1771 y 1784 el trigo duplicó su precio.

Lo primero que hizo fue irse a París en 1787 para entrevistarse con el inspector general. Este viaje lo propició la dificultad económica por la que atravesaba su madre Leticia, la cual no cobraba ya los subsidios que en derecho le correspondían. Frente al inspector general citó la cantidad que a su madre le adeudaban y añadió gravemente:

—Ninguna suma puede compensar el envilecimiento que siente un ser humano cuando es consciente de su servidumbre.

El ministro no le pagó lo atrasado a Leticia, y Napoleón volvió a actuar. Escribió al registrador de los Estados Generales corsos, Lorenzo Giubega, que era padrino suyo, protestando de la ineficacia de los tribunales. Esta carta no surtió el menor efecto. Estas dos injusticias hicieron que Napoleón cambiase de ideas. Si antes veía beneficiosa para Córcega la dominación francesa, ahora la consideraba una opresión.

Se aproxima la crisis de la monarquía en Francia

En tanto el segundo teniente Bonaparte se dedicaba a soñar la reforma de Francia, la nación corría desbocada a una crisis, la peor de su historia. Si bien Luis XVI, buen rey aunque mejor relojero que monarca, se disponía a llevar a cabo ciertas reformas necesarias, el Parlamento se negaba a dar su visto bueno a las mismas. En realidad, el reglamento que privaba en aquella alta cámara era: «En Francia, el papel de canciller

Cuatro de los hermanos de Napoleón: Carolina, Luis, Paulina y José; este último llegó a ser nombrado rey de España.

consiste en oponerse a todo lo que quiera hacer el rey, incluso a sus mejores proyectos.»

En 1788, la industria experimentó un golpe tremendo. Además, aquel año el frío fue espantoso, murió mucha gente y subió el precio de la carne, del pan y del carbón, productos indispensables en aquellos tiempos calamitosos. Muchos talleres despidieron a sus obreros y el fantasma del hambre planeó sobre toda la nación.

A finales de marzo de 1789, en la pequeña población de Seurre, estaban cargando una barcaza con trigo que había adquirido un comerciante de Verdun. El pueblo de Seurre, creyendo que se llevaban lo que era su comida, se amotinó para impedir que zarpara la barcaza. Como el 64 Regimiento estaba de guarnición en Auxonne, muy cerca de Seurre, el coronel, barón Du Teil, envió un destacamento de 100 soldados, para imponer el orden siendo Napoleón uno de los oficiales.

Fue entonces cuando Bonaparte conoció el carácter auténtico del pueblo francés que sólo pedía justicia y comida. Y cuando los hombres del regimiento penetraron en el cuartel general y se apoderaron de los fondos de dicho regimiento, y cuando por su parte el pueblo prendió fuego a la casa de campo del barón Du Teil, Napoleón desaprobó estas acciones.

El 14 de julio de 1789, el pueblo de París asaltó la Bastilla, suceso que siempre se ha considerado como el inicio de la Revolución Francesa. A Napoleón, lejos de París, apenas le interesó este acontecimiento tan crucial, ya que sólo le preocupaban los decretos de la Asamblea Constituyente, nombre adoptado por los Estados Generales. La nueva Asamblea abolió diversos privilegios de la nobleza y del clero y concedió el voto a más de cuatro millones de hombres que poseían una pequeña heredad. En 1791 fue presentada la primera Constitución, ideada por Mirabeau, el tribuno de la oratoria, precedida de una «Declaración de los derechos del hombre y del ciudadano».

Napoleón, que tenía hermanos en vías de llegar a ser obispos y hasta cardenales, y que él mismo era noble por su cuna, antepuso los derechos del pueblo a los suyos propios, y aplaudió aquella Constitución que dejaba limitada la monarquía por las leyes. El pueblo francés obtenía una parte del poder y esto podía ayudar a Córcega, sojuzgada por la monarquía y su Parlamento.

Napoleón, fiel a sus ideales, fue uno de los primeros que formaron parte de la Sociedad de Amigos de la Constitución, grupo de 200 patriotas de Valence, y fue nombrado secretario de dicha sociedad. El 3 de julio de 1791 desempeñó un papel primordial en una ceremonia en la que 33 sociedades populares de Isère, Drôme y Ardèche condenaron el intento realizado por la familia real de huir a Bélgica. Esta fuga, ideada por el conde de Fersen, un diplomático sueco enamorado, y quizá correspondido por María Antonieta, quedó frustrada en el pueblo de Varennes, pequeña aldea que a partir de aquel instante entró a formar parte de la historia de Francia. A raíz de esta condena de la huida frustrada, Napoleón efectuó el juramento exigido a todos los oficiales de «morir antes que permitir que un gobierno extranjero invadiese el suelo francés». El mismo 14 de julio juró fidelidad a la nueva Constitución.

Tal era la postura de Napoleón Bonaparte en vísperas de la Gran Revolución, que con la muerte en la guillotina de Luis XVI y María Antonieta iba a poner fin a una monarquía de varios siglos.

En su destino de Auxonne va puliéndose el gran jefe militar que lleva en potencia. Su jefe, el barón Du Teil, influirá extraordinariamente en su formación haciéndole leer entre otras obras el *Ensayo General de Táctica*, del conde de Guibert, del que Napoleón extraerá su teoría fundamental de adquirir la superioridad en un punto mediante el ataque con todas sus fuerzas y la mayor rapidez de movimientos. Nada escapa a sus ansias de saber. Analiza también *La República* de Platón y la historia de Federico II de Prusia, uno de sus ídolos, al que se propondrá superar en sus campañas. Incluso aprovecha un arresto y estudia el *Digesto* de Justiniano, cuyas leyes retiene con excelente precisión, gracias a su prodigiosa memoria.

Cuando estalla la vorágine revolucionaria, al frente de su destacamento reprimirá una y otra vez los motines con dureza, vengan de donde vengan. Amante del orden como buen militar, apuesta por éste, aun teniendo que obrar a veces con injusticia. Su observación del desarrollo revolucionario es, sin embargo, como simple espectador, sin apasionamiento. Cualquier ocasión será buena para solicitar permiso y regresar varias veces a su verdadera patria con estancias que durarán varios meses.

Llegado el momento oportuno, se propondrá fijar la revolución y detener su marcha hacia la anarquía, estabilizando y consagrando sus resultados. Tras uno de los atentados que sufrirá declarará: «Quieren destruir la revolución atacando a mi persona; la defenderé porque yo soy la revolución», y finalmente concluirá: «La revolución fijada en los principios que la iniciaron, ha terminado; la libertad será entera y absoluta... Hemos terminado la novela de la revolución; es preciso comenzar su verdadera historia.»

CAPÍTULO IV
LA REVOLUCIÓN FRANCESA

La revolución en Francia se hallaba ya en marcha. Después de la toma de la Bastilla los acontecimientos se habían precipitado.

Mientras tanto, en octubre de 1791, Napoleón volvió a Ajaccio, donde durante una corta temporada vivió una existencia plácida al lado de su madre y sus hermanos. José, a sus veintitrés años, era inteligente, instruido y de buen carácter, en tanto que Luciano, con dieciséis años, sentía celos de José y Napoleón, si bien más adelante llegó, superada esta crisis, a ser el orador de la familia Bonaparte. María Anna, de catorce años, estaba estudiando en Saint-Cyr, un establecimiento sumamente aristocrático. Luis, que regresó a Ajaccio con Napoleón, contaba trece años y era afectuoso y muy escrupuloso en sus deberes. Carolina, de nueve años, tenía buen sentido musical y Jerónimo, el más pequeño, era muy mimado y se había vuelto asaz descarado.

Napoleón era en realidad el único que tenía un sueldo fijo y podía ayudar a los suyos. Con ellos vivía el tío Luciano, hombre ya viejo y sumamente avaro, que guardaba todo su dinero en monedas de oro dentro del colchón de su cama.

En cierta ocasión, Paulina, necesitando dinero, subió al cuarto del tío y, jugando para distraerle, trató de coger unas monedas del escondite del colchón, con tan mala fortuna que el dinero salió fuera y se desaparramó por el suelo. El tío, que era arcediano de una parroquia en Ajaccio, gritó furiosamente, jurando que aquel dinero no era suyo, sino un depósito de varios amigos y clientes. Leticia, la madre, recogió las monedas en silencio, el arcediano las contó y volvió a guardarlas.

Este tío falleció muy poco después, y toda su fortuna pasó a poder de los Bonaparte. Gracias a esta herencia mejoró notablemente su posición.

Napoleón, que había ascendido ya a capitán, sabía que Corcega se hallaba muy dividida entre los partidarios de la nueva Constitución y los opuestos a la misma, especialmente contrarios a quienes deseaban la exterminación del catolicismo. Napoleón pertenecía al primer grupo, y creía que únicamente una poderosa Guardia Nacional o un ejército popular lograría hacer respetar la Constitución y así beneficiar al pueblo corso.

Logró formar una guardia nacional reconocida por el gobierno central, y luego escribió al ministerio de la Guerra, pidiendo permiso para continuar en Córcega, donde creía que estaba su verdadero puesto en tales momentos, solicitando además que le dejaran presentarse a la elección de una de las dos plazas de teniente coronel del segundo batallón.

Eran cuatro los candidatos y cada guardia nacional disponía de dos votos. La víspera de las elecciones llegaron a Córcega unos delegados de París, los cuales se alojaron de acuerdo con sus preferencias para la votación. Es curioso constatar que un tal Morati se albergó en casa de Pozzo, un rival directo de Napoleón. A éste no le gusto esto, y por la tarde unos intrusos penetraron en la casa de Pozzo, cogieron a Morati y lo trasladaron a casa de Napoleón, donde el delegado tuvo que pasar la noche.

Al día siguiente se dio comienzo a la votación y Napoleón obtuvo el segundo puesto. Por consiguiente, a sus veintidós años, era ya teniente coronel de la Guardia Nacional. Sin embargo, su situación se vio harto comprometida. En efecto, el gobierno de París acababa de decretar la supresión de los conventos de religiosos, y en Córcega había sesenta y cinco. Especialmente el de Ajaccio tenía suma importancia. Lo clausuraron en marzo y los monjes, franciscanos, protestaron. La gente de Ajaccio, sumamente religiosa, les ayudó.

El sábado de Pascua, después de ser elegido Napoleón, un grupo de sacerdotes que no habían jurado la Constitución, cosa obligada para los curas católicos, entró en el convento para celebrar la misa. Napoleón, viendo que retaban al gobierno, puso en alerta a los guardias. Se produjo un pequeño tumulto y un partidario de los frailes sacó una pistola, y el teniente Rocca della Sera cayó muerto. Napoleón, en aquel instante, decidió combatir abiertamente a los partidarios de los curas.

Como era preciso conquistar la ciudadela de la ciudad para dominar Ajaccio y Maillard, coronel de la guarnición de la misma, no quería ayudar a Napoleón, éste fue a verle para preguntarle si sus guardias, que estaban agotados, podían quedarse en la ciudadela, a lo que Maillard se negó en redondo. Ante esta negativa, Napoleón decidió que lo mejor era asaltar la ciudadela, como en París habían asaltado la Bastilla, y recorrió la ciudad buscando voluntarios; sin embargo, el pueblo se hallaba a favor de los frailes y nadie le hizo caso. Poco después, unos enviados del gobierno llegaron a Ajaccio, apaciguaron los ánimos encrespados, y enviaron el regimiento de Napoleón a Corte, distante tres días de marcha de Ajaccio.

Maillard envió un informe al ministro de la Guerra contra Napoleón, pidiendo contra él un consejo marcial.

A la vista de estas circunstancias, José urgió a su hermano a trasladarse a París para hacer frente a la acusación. Y Napoleón, hombre prudente y bien aconsejado, llegó a la capital de Francia el 18 de mayo.

La Revolución estaba en pleno auge. Pero casi toda Europa se hallaba en contra del nuevo régimen establecido por los revolucionarios. Las tropas de Austria y Prusia habían declarado la guerra al pueblo francés, deseando restaurar plenamente la monarquía, y los parisienses estaban nerviosos y excitados creyendo que Luis XVI estaba en connivencia con los reyes de Europa, y sospechaban asimismo de María Antonieta, a la que llamaban despreciativamente «la austríaca».

Napoleón iba todos los días al Ministerio de la Guerra, luego oía los debates de la Asamblea, visitaba a los amigos, y observaba al pueblo. Cierto día, falto de dinero, tuvo que empeñar su reloj en casa del hermano de un compañero suyo de la Academia Militar, Antonio de Bourrienne. Fue con éste con quien asistió al intento de asalto del edificio de la Asamblea por parte de una multitud de hombres astrosos que venían de los mercados. Tras desfilar durante una hora frente a la Asamblea, enarbolando una pancarta donde había dibujado el corazón de un buey sangrando, con la leyenda: «El corazón de Luis XVI», se dirigieron a las Tullerías, residencia real, gritando insultos y subiendo la escalinata hacia los aposentos reales. El rey los recibió tranquilamente y bebió un vaso de vino con todos, después de calarse en la cabeza un gorro frigio, el símbolo republicano.

El 10 de agosto, o sea al día siguiente, una gran multitud se apretujó frente a palacio. Luis XVI salió a la puerta. Deseaba permanecer allí, haciendo frente a la muchedumbre, pero aconsejado por un joven abogado fiel al monarca, se trasladó con la reina y sus hijos a la Asamblea.

Poco después, la Guardia Nacional de París penetraba en palacio. Empezaron los disparos. Como la guardia suiza, que custodiaba las Tullerías, se resistía, los nacionales empezaron a bombardear el edificio. El rey, que ante todo deseaba evitar derramamientos inútiles de sangre, ordenó a los suizos que cesasen el fuego; acto seguido, los guardias nacionales entraron en el palacio y dieron muerte a cuantos encontraron allí, especialmente a los guardias suizos, muy odiados por el pueblo de la capital.

Cuando el 16 de agosto fue clausurada la academia de Saint-Cyr, el colegio de señoritas más aristocrático de París, Napoleón se apresuró a sacar de allí a su hermana María Anna. Ésta tenía ya 15 años y sus modales eran muy elegantes, propios de la nobleza, lo cual era un verdadero peligro para su integridad y la de su hermano, a pesar de su grado de teniente coronel.

Napoleón y su hermana pasaron unas semanas en la capital y vieron cómo el 7 de septiembre la multitud invadía las cárceles, asesinando a un millar de hombres y mujeres tal vez inocentes. Antes del fin del mes, Luis Capeto, antes Luis XVI, quedó encerrado en la prisión del Temple, y fue declarada en Francia la República de manera oficial.

Dos días más tarde, Napoleón y María Anna tomaron la diligencia en dirección a Marsella. En el mes de octubre Napoleón llegó a Ajaccio, volviendo a tomar su puesto de teniente coronel del segundo batallón de la Guardia Nacional corsa.

En la frontera, mientras tanto, las tropas francesas habían derrotado a las austro-prusianas en Valmy, y esta victoria cambió el curso de la guerra. Los soldados que habían conseguido cruzar la frontera fueron rechazados, y los franceses invadieron Bélgica, amenazaron Holanda, y su ardor patriótico quedó ardientemente reanimado. Sin embargo, esta invasión de Bélgica alarmó a Inglaterra, y aún más cuando los republicanos franceses se apoderaron de Saboya y Niza, posesiones a la sazón del rey Víctor Amadeo del Piamonte, aliado de Austria.

La Revolución Francesa tomaba la ofensiva. Córcega debía luchar al lado del gobierno francés.

Paoli, un líder corso muy amado de todo el pueblo de la isla, era quien dirigía el gobierno, pero no le interesaba atacar Cerdeña, bajo el poder de Víctor Amadeo, porque temía represalias. De todos modos, consintió en atacar las islas menores de Caprera y Maddalena, pertenecientes a Cerdeña. Napoleón deseaba formar parte de la expedición bélica. Como aquellas islas estaban habitadas exclusivamente por pastores y pescadores, formando un archipiélago de once islotes, no habría ninguna dificultad en apoderarse de ellas, y podrían constituir una estupenda avanzadilla.

Pero la expedición y el consiguiente ataque a la isla Maddalena fue un rotundo fracaso debido a múltiples causas, ajenas a Napoleón, pero no por eso menos fracaso. Esto le enseñó al corso la importancia de actuar con rapidez y aprovechar el oportuno momento psicológico, tanto del enemigo como de los atacantes, no permitiendo que se enfríen los ánimos de éstos.

Como al regresar a Ajaccio se dio cuenta de que Paoli se inclinaba hacia Inglaterra, Luciano fue a Tolón y le denunció en un discurso que después fue leído a la Convención, nombre que había adoptado la Asamblea Constituyente republicana. El gobierno ordenó la detención de Paoli.

Napoleón, al revés que su hermano, escribió a la Convención en defensa de Paoli. Cuando el enviado del gobierno, Saliceti, llegó a Ajaccio, Napoleón le visitó esperando lograr la reconciliación de Francia con Paoli, pero éste, pensando que el corso estaba en contra suya, lo mismo que Luciano, ordenó capturarlo vivo o muerto, y Napoleón viose obligado a refugiarse en los montes hasta que logró huir a Bastia en una barca de pesca.

Napoleón estaba ya fuera de la ley, y los hombres de Paoli tenían orden de disparar tan pronto lo viesen.

Pese a este peligro, no salió de Córcega, y le explicó a Saliceti que el pueblo de Ajaccio estaba a favor del gobierno central. Estaba absolutamente seguro de poder tomar la ciudad con sólo dos barcos y cuatrocientos soldados de infantería ligera. Lo dijo con tanto convencimiento que Saliceti le dio vía libre.

Napoleón sabía que al atacar a Ajaccio podía perjudicar a su familia, por lo que envió un mensaje a Leticia pidiéndole que saliera de la ciudad con sus hijos y se dirigiese a la torre en ruinas de Capitello, al este del golfo de Ajaccio.

Leticia hizo caso del mensaje, y el 31 de mayo, en una barca a la cabeza de los barcos franceses, Napoleón se reunió con ella. Leticia y sus hijos se trasladaron a Calvi, ciudad corsa en

Josefina, la «esposa incomparable» según decía Napoleón, aunque sus desavenencias serían múltiples.

poder de los franceses, y Napoleón ordenó disparar contra la ciudadela con los cañones de los barcos, pero los muros de aquélla resistieron a los obuses.

Los habitantes de la ciudad, tras pedirles Saliceti que se uniesen a los franceses, desoyeron esta súplica, alegando que Paoli era su jefe natural, y Napoleón tuvo que ordenarla retirada.

El 3 de junio, se reunió con su madre, sus tres hermanos y sus cuatro hermanas en Calvi.

Había fracasado en Córcega, y él y su familia estaban fuera de la ley, pues seis días antes la Asamblea corsa los había condenado a «execración e infamia perpetuas». También carecían de bienes de fortuna, ya que los partidarios de Paoli habían saqueado la casa paterna, requisándolo todo. Vistas así las cosas, Napoleón consiguió un pasaporte para todos, en el que Leticia figuraba como simple costurera. Una semana más tarde se hallaban todos en un buque de municiones que regresaba a Francia. El 10 de junio de 1793, sin bienes de fortuna de ninguna clase, aparte de sus ropas, los Bonaparte se embarcaron rumbo a las costas de Francia. Abandonaban Córcega decididos a considerarse, para siempre jamás, ciudadanos franceses y republicanos de corazón.

CAPÍTULO V
DESIRÉE

Napoleón y sus familiares llegaron el 14 de junio de 1793 a Tolón.

Francia ya tenía un nuevo gobierno, el Comité de Salud Pública, con doce abogados como miembros representativos del pueblo, uno de cuyos más prominentes elementos era Maximiliano Robespierre. Este Comité empezó a descristianizar el calendario, sustituyendo los nombres de los meses por los correspondientes a las diferentes épocas del año, pero en lugar de doce meses nombraron solamente diez. Este Comité de «hombres justos y buenos» alimentaba un odio feroz hacia los girondinos o republicanos moderados, y no podía pronunciarse ni una sola palabra en favor de los reyes ni de la nobleza. Fue entonces cuando dio comienzo el verdadero reinado del Terror. Pero no todo el mundo estuvo de acuerdo con este nuevo estado de cosas y, por ejemplo, Lyon y Tolón se rebelaron, junto con algunos departamentos. Casi toda la región marsellesa estaba en armas.

Napoleón instaló a los suyos en Marsella, y después se reincorporó al ejército, siendo destinado con su regimiento a Pontet, cerca de Aviñón. Esta ciudad fue asaltada por el regimiento donde servía Bonaparte, y este ataque le causó tan mala impresión que estuvo enfermo y pidió ser destinado al Ejército del Rhin. Lo logró muy pronto, mas de una forma inesperada. Tolón se había rebelado contra el gobierno, y al caer Aviñón y Marsella pensaron que su única esperanza residía en un rey Borbón. El 27 de agosto izaron una bandera blanca con la flor de lis, y proclamaron rey al niño Luis XVII. Al día siguiente, abrieron el puerto a las embarcaciones inglesas y españolas, y en la ciudad penetraron las tropas de esos dos países y también de Italia.

Unos días más tarde, Napoleón estaba encargado de sofocar la rebelión de Tolón, «a cualquier precio». Pero él tenía un plan que consideraba excelente, según el cual Tolón caería al momento. Cuando las tropas leales al gobierno penetraron en Tolón, tras dos horas de una lucha sumamente encarnizada, gracias a la cual cayó el fortín de la ciudad, Napoleón quedó herido, debido a la media pica de un sargento inglés, que le alcanzó por encima de la rodilla. A pesar de sanar esta herida, le quedó una profunda cicatriz.

El 22 de diciembre, Napoleón, como recompensa por esta victoria, fue ascendido a brigadier general, con una paga de quince mil libras anuales.

Eugenia Desirée Clary

Napoleón, después de ser nombrado brigadier general, se dirigió a París, donde halló grandes cambios, especialmente en el precio de todos los artículos, cosa que le asustó más que por él por su madre, que debía pasar estrecheces en Marsella.

Se había terminado ya el reinado de la guillotina y él se había hecho muy amigo de Paul Barras, un líder constitucionalista.

El 26 de octubre de 1795, la Convención celebró su última sesión y al día siguiente empezó a funcionar el Directorio. Barras era uno de los directores. Y tanto él como sus compañeros de gobierno pensaron que Napoleón, considerado como experto en cañones tras sus experiencias en Tolón y Aviñón, debía ser el sucesor de Barras en el ejército, que éste abandonaba para dedicarse a Francia. De esta manera, a los veintiséis años, Napoleón pudo lucir el uniforme de general, asumiendo el mando del Ejército del Interior.

Entonces, Napoleón abandonó el sórdido hotel donde vivía en París y se trasladó a la calle de Capucins. También escribió a su madre: «Ahora ya no os faltará de nada».

Envió a su familia cincuenta mil luises en moneda y papel de asignados, consiguió que a José le diesen un puesto de cónsul en Italia, y a Luciano le hizo nombrar delegado en el Ejército del Norte. Luis llegó a ser el teniente de su antiguo regimiento, ascendiendo un mes más tarde a ayudante de campo suyo. Y envió a Jerónimo a un internado.

Napoleón estaba contento. Había empezado a realizar casi por completo sus ambiciones, y la Revolución había dejado de seguir el sendero de la sangre, pues se había abolido la pena de muerte y la plaza donde antes guillotinaban a los presos, había cambiado su nombre de plaza de la Revolución por el de plaza de la Concordia, nombre que todavía hoy sigue ostentando.

Napoleón Bonaparte, cuando llegó a Marsella para reunirse con su madre, ya había tenido contacto físico con alguna mujer. El primero de tales contactos tuvo lugar en 1787, contando él dieciocho años, y el hecho ocurrió en París. Sin embargo, a continuación había preferido olvidar el sexo femenino y dedicarse a su carrera, pese a lo cual después de la caída de Tolón tuvo ya tiempo para dedicarlo a las mujeres.

En Marsella vivía un industrial textil llamado François Clary, de ideales monárquicos y buena posición. Cuando los soldados fieles al gobierno aplastaron la rebelión marsellesa en agosto de 1793, el hijo mayor de François, Etienne, fue encarcelado, y otro de sus hijos se suicidó antes de que lo fusilaran. François falleció poco después a causa de estas desdichas. Su viuda fue a pedir la libertad de Etienne y entonces conoció a José Bonaparte. Éste, con la ayuda de Saliceti, logró que el joven quedase en libertad, y a partir de ese momento, José empezó

35

a frecuentar la amistad de los Clary, por cuyo motivo cuando Napoleón fue a Marsella, lo presentó a la familia.

Los Clary tenían dos hijas, Julia, y Bernardina Eugenia Desirée, ambas morenas, de ojos grandes y oscuros, las dos con ese acento del sur de Francia que resulta muy gracioso a la gente del norte del país.

Napoleón no tardó mucho en prendarse de Eugenia Desirée, cuyo nombre, Desirée, o Deseada, le pareció de buen augurio. Los dos jóvenes pasaban juntos muchas veladas y no tardaron en descubrir un interés común: amaban la música extraordinariamente. Claro que Desirée incluso cantaba regularmente bien, en tanto que Napoleón tenía un oído infernal y era incapaz de dar una nota afinada, defecto del que jamás logró curarse. Pero la música les unió, tal vez más que el atractivo físico mutuo.

En efecto, Eugenia Desirée era bonita, aunque sin ser deslumbrante, y Napoleón, por su parte, según se ve en los retratos de su juventud, era bastante agraciado, aunque más bajo que la talla media en Córcega. De rostro afilado y ojos muy expresivos, llegó a entusiasmar a la muchacha Clary, y no tardó en iniciarse el romance.

José, mientras tanto, cortejaba a Julia, y efectivamente, no tardó mucho en casarse con ella.

Napoleón, a causa de su carrera militar, se veía obligado a abandonar Marsella muchas veces, y el 21 de abril de 1795, después de una ausencia de nueve meses, al regresar encontró a Desirée, como preferían llamarla todos, más bonita que nunca. Cantaba mejor incluso, tal vez porque la presencia de Napoleón la estimulaba, y el joven general se planteó ya la conveniencia de casarse con la joven Clary. Pero Desirée sólo tenía diecisiete años, y Napoleón no era todavía un buen partido a los ojos de la señora Clary, la cual pensaba que ya tenía bastante con un Bonaparte en la familia, refiriéndose a José.

No obstante, la hostilidad de la madre de Desirée no enfrió los sentimientos de Napoleón hacia la hija de aquélla, antes al contrario.

Pero la vida se encargó de truncar aquellas relaciones que hubieran podido alterar el curso de la Historia, y más especialmente la de Suecia.

En efecto, Napoleón, por razones de su cargo, residía la mayor parte del tiempo en París, donde no le faltaban ocasiones de divertirse y conocer féminas de buen ver. Una de éstas fue la señorita de Chastenay, con la que pasó un día del mes de mayo, pidiéndole que cantase para él. Así lo hizo la muchacha, y Napoleón descubrió que lo hacía mucho mejor que su Desirée. Algo más tarde, el joven general conoció a una mujer de un talento y unas disposiciones realmente singulares: Teresa Tallien, más conocida por Madame Tallien. Dicha mujer había estado a punto de ser guillotinada durante el Terror, pero le envió una nota a su amante, Jean Lambert Tallien, escondiéndola dentro de una col que arrojó por una ventana. Tallien se levantó en una asamblea de la Convención y habló con tanta fogosidad contra la pena de muerte, atacando al tan temido Robespierre, que precipitó la caída y muerte de éste y el fin del período del Terror.

Teresa se casó con Tallien y empezó a celebrar reuniones en su salón, a los que acudía la flor y nata de París. Allí iba también Napoleón, siempre bien recibido por Madame Tallien, cuyas agudezas complacían extraordinariamente al corso, obligándole incluso a hablar, a él que solía hacerlo en monosílabos debido a su introversión.

Durante aquel verano de 1795, Napoleón, además, conoció a varias bellezas de la capital, todas ellas superiores en gracia y encantos a Desirée, y para empeorar el idilio, la joven Clary tuvo que trasladarse a Génova, donde su familia tenía varios negocios.

Hubo cierto intercambio de cartas por las dos partes, con juramentos y promesas de amor, pero éstas fueron debilitándose con el tiempo, hasta que llegó la ruptura final. Desirée lloró y juró no ser de nadie más que de su querido Napoleón, pero el tiempo todo lo cura, y Bernardina Eugenia Desirée acabó por casarse con el conde de Bernadotte, y ambos fundaron mucho más adelante la dinastía real sueca, vigente aún hoy día.

CAPÍTULO VI

APARECE JOSEFINA

Los Tascher de la Pagerie constituían una familia francesa que en el siglo XVII se estableció en la isla de la Martinica, que pertenecía a Francia. Allí poseían una plantación de caña de azúcar, empleando a ciento cincuenta negros en calidad de esclavos. Pese a este calificativo, tales negros constituían una comunidad casi independiente, recibiendo muy buen trato de sus amos.

Los Tascher de la Martinica tenían varias cosas en común con los Bonaparte de Córcega. Eran nobles que vivían fuera de su país de origen, y lo hacían con gran sencillez y eran muy amantes de la Naturaleza. Eran ricos y llevaban una existencia ciertamente acomodada.

La mayor de las tres hijas, Rosa, nació el día 23 de junio de 1763. Pasó la infancia en la isla y su vida transcurrió plácidamente en sus primeros años. A los doce años la internaron en un colegio y no salió del mismo hasta cumplidos los dieciséis. Su padre ya había concertado su casamiento con el vizconde Alejandro de Beauharnais, hijo de un antiguo gobernador de las Indias Occidentales que estaba sirviendo en Francia como oficial del ejército. Rosa Tascher, pues, se trasladó a Francia para conocer y casarse con el tal Alejandro.

Éste era un joven de diecinueve años, de buen aspecto físico y rico, puesto que gozaba de una renta de cuarenta mil francos. Era el mejor bailarín de Francia y había tenido la fortuna de poder bailar en las reuniones de María Antonieta. Sin embargo, tenía tres defectos capitales: era presumido, egocéntrico y excesivamente entregado a los placeres con las mujeres.

Rosa se convirtió en la vizcondesa de Beauharnais, y el matrimonio tuvo dos hijos. Luego, Alejandro se marchó a cohabitar con otra mujer en la Martinica, donde oyó historias sin fundamento de la infancia de su esposa, y el hombre que acababa de abandonarla pensó escribirle una misiva para denunciar sus *crímenes y atrocidades*.

Rosa se indignó con razón y pidió la separación legal. Ésta le fue concedida en febrero de 1785, con una pensión de seis mil francos anuales. Y a los veintidós años, la vizcondesa de Beauharnais se trasladó a vivir a la residencia de las monjas bernardinas de la abadía de Penthémont, de la calle Grenelle de París. Luego, pasó el otoño en Fontainebleau y tomó parte en una de las cacerías reales.

En el verano de 1788, se enteró de que su padre se hallaba muy enfermo y que su hermana también agonizaba. Entonces, vendió varias de sus pertenencias, incluida su arpa, y se fue a la Martinica en compañía de su hija Hortensia, en tanto el hijo continuaba en Francia, estudiando. Rosa permaneció dos años en la isla.

Al llegar a Francia, Rosa vio que había estallado ya la Revolución, y Alejandro, su marido, llegó a ser miembro directivo de la Asamblea Constituyente, y cuando Prusia y Austria invadieron Francia, volvió al ejército y fue ascendido a general. En 1793 tuvo la oportunidad de su vida, contribuyendo a la liberación de Mainz. Pero en lugar de disparar contra la ciudad sitiada, Alejandro se cubrió de ridículo en Estrasburgo persiguiendo a las prostitutas durante el día y organizando con ellas orgías por las noches. En marzo de 1794 quedó preso en la cárcel de Carmelite. Rosa, a pesar de estar separada oficialmente de él, hizo cuanto pudo para conseguir su libertad. Entonces recibió un anónimo, advirtiéndola del peligro que corría con sus esfuerzos, pero ella le escribió a

su tía: «¿Qué puedo hacer sin comprometer a mi esposo?»
Fue arrestada en abril.

Toda la nobleza estaba encarcelada. Hortensia y su hermana
Eugenia la visitaban todos los días, pero al final les prohibie-
ron incluso que le escribieran.

Alejandro Beauharnais conoció la caricia de la guillotina
el 23 de julio, mientras la suerte de Rosa pendía de un cabello. Su gran sobresalto lo tuvo el 6 de agosto, cuando el car-
celero pronunció en voz alta su nombre. Rosa se desmayó,
pero fue de alegría, porque Robespierre no existía ya y el
Terror había pasado.

Rosa y sus hijos fueron a vivir a casa de una tía poetisa llamada Fanny de Beauharnais. Ésta tenía amigos influyentes,
y junto con Tallien consiguió que Rosa recibiese una bonita
compensación. Así, en agosto de 1795 ya pudo alquilar una
casa donde vivía sola. Rosa era agraciada, baja de estatura,
pero con unas formas seductoras, y una tez fina y deslumbrante. Pero su mayor encanto era su acento criollo, pronun-
ciando muy pocas veces la «r».

Su existencia transcurría alegremente, de reunión en reunión, y este modo de vida fue el que conoció también Napoleón
aquel verano de 1795. Conoció a Rosa en casa de Madame
Tallien, cuando él contaba veintiséis años y ella treinta y dos.
Y Rosa tenía muchas amistades de peso. Además, tanto Rosa
como Napoleón tenían un amigo común: Paul Barras.

Napoleón, después de ser nombrado jefe del Ejército del
Interior, fue invitado a casa de Rosa. Era una casa impeca-
ble, que encantó sobremanera a Napoleón. Y, poco a poco, el
afecto que experimentaba por Rosa fue trocándose en verdadera pasión. En realidad, era la primera vez que el joven corso
sentía un amor verdadero por una mujer. Lo único que no le
gustaba de la joven era su nombre. Rosa no encajaba con
aquella criolla. Como su segundo nombre era Josefa, Napoleón
decidió llamarla Josefina.

Barras también era visitante asiduo de la casa de Rosa, o mejor decir ya Josefina, y por París empezó a correr el rumor de que ésta era la amante de Barras, verdadero jefe de la Asamblea. Napoleón, por su parte, estaba celoso y dejó de acudir a las reuniones de la joven, la cual se extrañó de esta ausencia, llegando a mandarle una nota donde le invitaba a comer, pues «deseaba verle y hablar de sus asuntos».

Fue en el invierno de 1795 cuando Napoleón reanudó sus visitas. Josefina era mucho más bella que Desirée, muy sofisticada, elegante en sumo grado, y Napoleón sintió avivarse su pasión al verla. Josefina, por su parte, no estaba, ni lo estuvo nunca, enamorada del corso Bonaparte, pero le hallaba atractivo y sincero. Era distinto de los otros hombres que la rodeaban y, sobre todo, muy diferente a Barras. Además, Napoleón era un general de mérito, una persona importante.

En enero de 1796, Napoleón hizo el amor con Josefina. Y al final pensó casarse con ella. Esto a Barras no le hizo mucha gracia, pero pesaron más las consecuencias políticas que tal casamiento podían reportarle en su cargo público, y reprimiendo sus sentimientos personales, alentó tal matrimonio. Pensó en el regalo de bodas: satisfaría la mayor ambición del novio, enviándole como jefe supremo al Ejército de los Alpes.

Y el casamiento quedó decidido.

Josefina llevó a Napoleón a casa de su notario, Raguideau, en la calle Saint-Honoré. Cuando Josefina le explicó al notario sus intenciones, Napoleón, que aguardaba en la sala contigua, oyó cómo Raguideau advertía a Josefina:

—Cometes un grave error al casarte con ese militar. Te arrepentirás de ello. Es una locura casarse con un hombre que sólo cuenta con su uniforme y su espada.

A Napoleón esto le hirió en su corazón, y jamás olvidó el incidente.

El contrato del notario resultó muy desfavorable para el joven corso. No había comunidad de bienes, y debería pasarle

En las batallas, Napoleón encabezaba a sus soldados cuando lo creía necesario, como en Arcole a fines de1796.

a su esposa una pensión de mil quinientas libras al año, de forma vitalicia.

Finalmente, el casamiento se celebró el 9 de marzo, siendo testigos Barras y Tallien. Napoleón regaló a Josefina un collar de oro del que colgaba una placa de oro y esmalte, con una inscripción: «Au destin».

Al día siguiente ambos visitaron a Hortensia en el internado. La luna de miel sólo duró dos días y dos noches. La noche del 11 de marzo, Napoleón se despidió ya de su mujer, para hacerse cargo de su nuevo destino. Iba acompañado por Junot y Chauvet, este último tesorero del ejército de Italia. Napoleón llevaba ocho mil libras en luises de oro, cien mil en asignados, la promesa de refuerzos por parte de los Directores de Francia y una miniatura de su Josefina, su «esposa incomparable».

CAPÍTULO VII
LA CAMPAÑA DE ITALIA

Fue en Italia donde realmente dio comienzo la singular y triunfal carrera de Napoleón, llamado el genio militar más grande de todos los tiempos. Napoleón tenía que combatir contra dos personajes que tenían intereses familiares contra la nueva República francesa. Uno era el emperador de Austria, Francisco II, poco mayor que Napoleón, tímido, con poco talento y menos energías. Era sobrino de María Antonieta y poseía el trono más antiguo de Europa. Su aliado, Víctor Amadeo III del Piamonte, era un vanidoso fanático que apresaba a los liberales y acababa de reinstaurar la Inquisición. Como era muy dormilón, llegó a ser llamado «el Dormice», en italiano. Era suegro del conde de Provenza, el futuro Luis XVIII de Francia, por lo que, al igual que Francisco II, sólo tenía un deseo: devolver a Francia la monarquía.

Napoleón tenía que atravesar los Alpes, en sentido contrario a como lo había hecho Aníbal muchos siglos antes e invadir el Piamonte, en la llanura del alto Po. Era su obligación combatir y derrotar a los austríacos y piamonteses, y ocupar el ducado de Milán, que a la sazón pertenecía a Austria. Después, tenía que negociar la paz, obteniendo las mejores ventajas posibles.

Napoleón instaló su cuartel general en Niza y celebró conversaciones importantes con sus oficiales más destacados. Uno era Massena, ex contrabandista, otro era Charles Augereau; también se hallaba presente Lilmaine, oriundo de Dublín, y finalmente, Louis Alexandre Nerthier, que ya contaba cuarenta y tres años.

Napoleón era un artillero muy experto, y después de llevar su cuartel general a Albenga, se dedicó a estudiar en un mapa las posiciones enemigas. Y decidió moverse por la costa y fingir pasar por Génova, que era terreno neutral, de manera que los austríacos descendiesen de su base montañosa de Alessandria. Entonces, él avanzaría atacando con rapidez contra un ejército aliado que en su afán por proteger Génova extendería demasiado sus líneas. O sea que en lugar de cruzar los Alpes, los rodearía.

Hecho esto, el día 21 de abril, Napoleón derrotó a los piamonteses cerca de Vico, y entró en Mondovi. Víctor Amadeo quedó desconcertado y se apresuró a pedir un armisticio. A las 11 de la noche del día 27 de aquel mes de abril, Napoleón recibió a los enviados de Víctor Amadeo III, al frente de los cuales iba Salier de la Tour y Costa de Beauregard. Napoleón oyó en silencio las proposiciones de Salier. Luego, le preguntó secamente si el rey del Piamonte aceptaba las condiciones de Francia. Salier respondió alegando que eran demasiado duras.

Tras firmar el armisticio con el Piamonte, Napoleón fue avanzando por su ruta, hasta llegar a Lodi, donde consiguió una importante victoria, en la que afirmó su personalidad. Cinco días después entró en Milán. Allí, mientras las campanas repicaban a gloria, él se instaló en el palacio del archiduque y en la cena de gala le prometió «al buen pueblo de Milán, la amistad eterna de los franceses».

Ya sólo quedaba por vencer a los austríacos en firme y lograr una paz victoriosa.

De esta manera, y en una campaña casi relámpago, volvió a cruzar el Po, entró en la zona norte de los Estados pontificios, Emilia y Romaña, dispersó al ejército del Papa, entró en Florencia, y tomó Leghorn, importante centro comercial y bancario inglés. El 13 de julio regresó a Milán, tras haber hecho unos quinientos kilómetros de marcha en seis semanas, intimidando a toda Italia y requisando un fabuloso botín por valor de cuarenta millones de francos, casi todo en oro. A continuación, casi sin dar reposo a sus cansadas tropas, derrotó al ejército austríaco en Arcola, en cuya batalla, al ser herido el caballo de Napoleón, éste salió despedido y se vio en una situación muy comprometida, en medio de un barrizal. Fue su hermano Luis, junto con un oficial de nombre Auguste Marmont, quienes consiguieron sacarlo de allí, salvándole la vida.

La victoria sobre Pío VI

Napoleón, gracias a su genio improvisador, que aprovechaba cualquier situación, cualquier circunstancia para volver la suerte en favor suyo, logró victorias tan resonantes durante aquella campaña como la de Rivoli. Napoleón deseaba llegar a las puertas de Viena, pero el Directorio cursó otras órdenes. Pío VI y sus cardenales odiaban a la República Francesa, y a pesar de la derrota sufrida a manos de Napoleón el año anterior, simpatizaban y ayudaban abiertamente a los austríacos, convirtiendo al Vaticano y Roma en el centro de las confabulaciones de los emigrados. Napoleón tenía que castigar nuevamente al Papa.

El general en jefe aceptó alegremente esta orden, pues de este modo tendría cubierta su retaguardia al entrar en Austria. Se puso en marcha el 1.º de febrero y atravesó las ciudades de Bolonia, Faneza, Forlí, Rímini, Ancona y Macerata, siendo mínima la oposición que encontró. Así ocupó los Estados pontificios, lo que le permitía imponer las condiciones que quisiera.

Pero Napoleón se vio barrido, en realidad, por un hecho incontestable. Cuando se dirigió a Tolentino a entrevistarse con el enviado del Papa, se enfrentó ante una elección muy cruel. Por un lado, el Directorio deseaba destituir el gobierno del Vaticano; mas, por otro, Pío VI, con sus sesenta y nueve años de edad, era un hombre de ideas obtusas y desfasadas, pero inofensivo y con las debilidades propias de todos los papas; había dotado a un sobrino inútil en todos los sentidos, y a su hermosa mujer. Además, le gustaba erigir obeliscos, y poseía unos Estados minúsculos que, de todos modos, irían a parar a unas manos cualesquiera. Durante mil años, el papado había sido una pieza esencial del poder italiano. Si Pío VI era depuesto, Nápoles se apoderaría de Italia central. Y Nápoles estaba gobernada por María Carolina, hermana de María Antonieta, una mujer neurótica y lesbiana, que sería para Francia mucho peor enemigo que Roma.

Por consiguiente, Napoleón decidió no deponer al Papa, sino obligarle a cerrar todos sus puertos a los barcos hostiles a Francia; desposeerle asimismo de sus Estados y pedirle treinta millones en oro. Sólo deseaba, por lo tanto, debilitarle y conseguir su amistad.

Una ver firmado el tratado de Tolentino, Napoleón lo envió a París: ahora sólo le quedaba entrar en Austria. Primero envió a su segundo, Joubert, al Tirol para interceptar a los quince mil austríacos estacionados allí y proteger su flanco del ataque del Ejército del Rhin. Luego, el 10 de marzo se puso al frente de cuatro divisiones, penetró en Austria y se dirigió hacia la capital. El 17 de abril conquistó Leoben. Luego, envió su vanguardia a Semmering, casi a las puertas de Viena.

Francisco II, al enterarse de la proximidad del ejército francés, envió a sus hijos a Hungría (no hay que olvidar que se trataba del estado austro-húngaro). Uno de dichos hijos era una niñita de seis años de edad, hermosa como una preciosa muñeca, llamada María Luisa. Napoleón propuso el armisticio y el emperador viose obligado a aceptarlo. Las conversaciones tuvieron lugar en Loeben, en el castillo de Göss. Y el 18 del mismo mes se firmó el tratado por el que Austria abandonaba Milán, y firmaba la paz tras cinco años de pelear contra Francia.

Toda la campaña de Italia había durado trece meses, y Napoleón había conseguido una serie de victorias como jamás lograra antes un general francés. Así, pudo escribir, tal vez modestamente, al Directorio:

Si he vencido a fuerzas superiores a las mías es porque, confiando en vuestro apoyo, mis tropas se han movido con tanta rapidez como mis pensamientos.

Esto dio fin a la campaña de Italia, en la que Napoleón fue el indiscutible triunfador. Pero, ¿había triunfado también en el corazón de su esposa Josefina?

CAPÍTULO VIII
LA TRAICIÓN DE JOSEFINA

En efecto, Napoleón había triunfado en Italia, pero no ocurría lo mismo con el afecto amoroso de su esposa Josefina. Desde Italia, y durante toda la campaña, Napoleón le escribió cartas, siempre que gozaba de un descanso, por breve que éste fuese. Afortunadamente, toda esta correspondencia, o gran parte de la misma, se pudo conservar, por lo que cuanto sucedió en aquellos tiempos entre los dos esposos se conoce perfectamente.

En sus cartas, Napoleón se mostraba ardorosamente enamorado, afirmando que sólo deseaba regresar para estar al lado de su amada. Pero a Josefina no le gustaba mucho escribir, por lo que tardó mucho en responder ya a la primera misiva. Luego, como realmente no estaba enamorada de Napoleón, se limitó a contestar a sus apasionadas cartas muy de tarde en tarde, con líneas escuetas y frías. Napoleón sentíase por esto desasosegado e inquieto, llegando a pensar que Josefina podía estar enferma y quería ocultárselo. Lo que no podía o no quería imaginar era que una mujer como Josefina no pudiese amar ciegamente a un hombre como él, un militar victorioso, un patriótico acendrado.

Por eso, tan pronto como firmó la paz del Piamonte, pidió permiso al Directorio para que Josefina pudiese reunirse con él en Italia. El permiso fue concedido y Napoleón se apresuró a buscar entre sus ayudantes de campo al que escoltara a la joven desde París. El elegido fue Murat, de caballería. Era un joven de cabello rizado, ojos azules y muy devoto de

Napoleón. Murat fue en busca de Josefina, pero Napoleón no tardó en recibir una carta de su ayudante diciéndole que Josefina no se encontraba bien, mostrando todos los síntomas de un embarazo. Por el momento, no podía desplazarse a Italia, puesto que se hallaba en el campo, descansando. Al enterarse de esta noticia, Napoleón se debatió entre la alegría de ser padre y la inquietud por la salud de su esposa amada. Cuando se apoderó de la Lombardía, pidió permiso al Directorio para trasladarse unos días a París, pero le fue denegado perentoriamente. Luego, a finales de julio, Napoleón se dio cuenta de que Josefina, en sus cartas, hablaba menos de su embarazo y empezó a sentir celos, por lo que trató de indagar la causa de que no quisiera reunirse con él. Y lo único cierto era que Josefina le era infiel a Napoleón. El seductor se llamaba Hipólito Charles.

Josefina había formado en París, en ausencia de Napoleón, una especie de Estado Mayor compuesto por oficiales jóvenes que trataban por todos los medios de complacer a la hermosa criolla. Así se estableció un desafío galante, y Josefina coqueteaba ya con uno, ya con otro.

El más afortunado de todos fue Hipólito Charles, ayudante del general Leclarc, al que Josefina hizo objeto de tales distinciones que todo el mundo empezó a murmurar de sus relaciones con el apuesto oficial.

A partir del tratado de Tolentino, en efecto, las cartas de Josefina fueron todavía más espaciadas, mostrando aún más frialdad que en las anteriores. Finalmente, las cartas de Napoleón fueron tan insistentes que Josefina no pudo aplazar más el viaje. Claro que durante el mismo la joven durmió con Charles, que iba de acompañante suyo. Naturalmente, Napoleón no se enteró de esto, como buen marido de la comedia francesa. El 13 de julio fue a recibir a su esposa en Milán, después de tres meses de separación. Cuando observó que no estaba embarazada sufrió una gran desilusión, mas su presencia hizo que no tardase en olvidar tal tristeza. Cuando la dejó para ir al sitio de Mantua, Josefina quedó al cuidado de Charles. ¡Inocencia del *mari cocu* del vodevil clásico de Francia! Desde el campo de batalla, allí donde estuviese, Napoleón continuaba enviándole a su esposa unas cartas cada vez más apasionadas. Además, mostraba su querida esposa a los italianos con gran orgullo. La hacía asistir a todas las cenas de gala, la llevaba a la Ópera y conseguía que luciese las últimas modas de París. Pero Josefina no hablaba italiano como Napoleón, y los milaneses parecían unos provincianos. La joven se aburría.

En uno de esos aburridos viajes conoció a un pintor, de veinticinco años, llamado Antoine Gros, natural de Toulouse. Era alumno del célebre David y le comunicó a Josefina que su mayor ambición era pintar un retrato de Napoleón. Josefina invitó a Gros a trasladarse con ella a Milán.

A Napoleón le gustó la idea del retrato y le cedió a Gros una habitación en su palacio. Pero el corso nunca tenía tiempo para posar, reclamado constantemente en los frentes de batalla.

Josefina se impacientaba, y para lograr el cuadro usó una treta: Gros haría el retrato de Napoleón sentado éste en las rodillas de su esposa, siempre que comieran juntos, al tomar el café, del que la criolla, como buena caribeña, no podía prescindir. De ahí salió el famoso cuadro de la campaña de Italia: Napoleón descubierto, enarbolando una bandera en la mano y avanzando sobre el puente de Ancona.

Noticias familiares

Después de firmar la paz de Leoben, Napoleón gozó de la presencia de su familia en Italia. Se había trasladado a residir a Mombello, cerca de Milán, y allí recibió la visita de sus hermanos y hermanas. Leticia fue la última en unirse a esta reunión familiar. El 1.º de junio, Napoleón salió a su encuentro a las puertas de Milán, y la muchedumbre vitoreó a la «madre del salvador de Italia».

Aunque José era oficialmente el cabeza de familia, este papel lo desempeñaba en realidad Napoleón, y fue éste quien le prohibió a Paulina casarse con Stanislas Fréron, culpable de crímenes políticos; fue él asimismo quien dio el consentimiento para que se casara con un joven oficial, el ayudante general Victorio Manuel Leclerc, hijo de un rico comerciante.

Napoleón, que se había casado con Josefina por lo civil, creyendo como buen republicano que Jesucristo, caso de haber existido, sólo había sido un profeta, sabía que su madre albergaba sentimientos católicos, y por esto decidió que Paulina debía casarse por la Iglesia, cosa que ocurrió en el oratorio de San Francisco el 14 de junio de 1797.

Allí mismo contrajo matrimonio su hermana Elisa (llamada en realidad María Anna o Mariana) con Felide Bacciochi, corso honorable, con el que se había casado unos meses antes civilmente.

En medio de todo esto, a la familia Bonaparte no le gustaba el enlace de Napoleón con Josefina. Juzgaban a la criolla demasiado ligera de cascos y frívola en demasía.

Pero todavía menos soportaban la presencia de Charles, que intercambiaba sonrisas y discreteos con Josefina, siempre reidora a su lado. Paulina llegó al extremo de sacarle la lengua cuando veía a Hipólito Charles.

Finalmente, la familia se dispersó, y Josefina regresó a París, siempre escoltada por su amante. Cuando la campaña de Italia, con la firma del tratado de Austria, tocó a su fin, también Napoleón se dirigió a París para ser recibido con todos los honores.

CAPÍTULO IX
HACIA LAS PIRÁMIDES

Al regreso de Italia, a Napoleón le otorgaron un nuevo cargo: jefe del Ejército contra Inglaterra. Napoleón estudió la situación cuidadosamente, inspeccionando incluso las tropas y los buques agrupados en los puertos del canal, y al final decidió no tratar de invadir Inglaterra, sino otro país, cuya conquista causaría a los ingleses un efecto tan desastroso como la invasión de su isla: Egipto.

Esto no era ninguna novedad, puesto que la idea se iba gestando en el Ministerio del Exterior desde el mismo año en que nació Napoleón. Ya en 1777, Tott visitó Egipto y luego informó sobre la posibilidad de tal invasión, pero fue a Napoleón a quien le cupo el honor de llevar tal proyecto a la práctica.

Iniciados todos los preparativos, Napoleón y Josefina se trasladaron a Tolón, donde el general en jefe debía embarcar rumbo a Alejandría.

Una mañana en que Josefina y Napoleón todavía estaban en la cama, entró en su dormitorio uno de los generales a las órdenes del corso: Alejandro Dumas, nativo de las Indias Occidentales, dotado de gran fuerza muscular. (Este tal Dumas fue el padre del famoso escritor y dramaturgo Alejandro Dumas, y por tanto, abuelo del no menos célebre Alejandro Dumas II, autor de *La dama de las camelias*.) Dumas vio que Josefina lloraba.

—Quiere ir a Egipto conmigo —le explicó Napoleón, y preguntó acto seguido—. Vos, Dumas, ¿llevaréis a vuestra esposa?

—No, por Dios, sería un gran estorbo —fue la respuesta.
Napoleón prometió entonces que si la campaña duraba
varios años, las esposas se reunirían con sus maridos. Luego,
se volvió hacia Josefina.

—Dumas sólo tiene hijas (el hijo nació poco más tarde).
Yo ni eso siquiera. En Egipto trataremos de engendrar uno.
El general Dumas será padrino del mío y yo del suyo.

Y, según Dumas, al decir esto besó las nalgas de Josefina*.

La mañana del 18 de mayo de 1798, Napoleón ordenó disparar seis salvas de cañón, señal para el embarque de los que
estaban en tierra. Instaló su cuartel general en la nave capi-
tana *L'Orient*. A la mañana siguiente, ordenó levar anclas.
Había empezado la campaña de Egipto.

La campaña de Egipto

Una vez se hubieron reunido los convoyes de Génova,
Ajaccio y Civitavecchia, Napoleón ordenó poner rumbo a
Malta, pues pensaba arrebatarla a los caballeros de San Juan,
a fin de dominar las rutas del Mediterráneo.

En efecto, el 9 de junio de 1798, llegaron las naves a la
vista de la isla. Napoleón, a fin de tener una excusa para atacar la isla, le pidió al gran maestre de la Orden de San Juan
que le dejase abastecerse de agua, pero aquél respondió que,
según las leyes, no podían fondear en el puerto más de dos
naves extranjeras a la vez.

Napoleón interpretó estas palabras como una declaración
de guerra y ordenó atacar las fortalezas que defendían el
puerto de La Valette.

En realidad no hubo asalto, pues al primer intercambio de
cañonazos, el gran maestre se avino a razones, y a cambio

---

* Este detalle debió contárselo el general Dumas a su hijo, ya que figura
en la biografía que Alejandro Dumas hizo de Napoleón.

«¡Soldados, cuarenta siglos os contemplan desde lo alto de esas pirámides!»

de seiscientos mil francos y la promesa de una pensión vitalicia de treinta mil partió hacia Alemania, que era su patria, cediendo la isla de Malta a Napoleón.

Poco después, el 1.° de julio, o sea a los cuarenta y cinco días de haber zarpado de Tolón, en Alejandría se señaló la presencia del ejército expedicionario.

Nelson, deseoso de cazar a las naves de Napoleón, cruzaba una y otra vez el Mediterráneo, pero los expedicionarios lograron esquivarle y echaron el ancla en el puerto de Alejandría.

Tan pronto como Napoleón hubo ordenado el desembarco, dirigió a sus tropas la siguiente arenga:

¡Soldados! Los pueblos que queremos conquistar son musulmanes, y su primer dogma de fe es: «No hay más Dios que Alá, y Mahoma es su profeta.»

Tened para las ceremonias prescritas por el Corán y para con las mezquitas la misma tolerancia que tuvisteis con los conventos y las sinagogas, para con la religión de Cristo y la de Moisés.

Las legiones romanas protegían todas las religiones; aquí hallaréis usos diversos de los de Europa y a ellos tendréis que amoldaros. Estos pueblos tratan a sus mujeres de manera distinta a nosotros, pero en todos los países quien las viola es un monstruo.

El saqueo sólo enriquece a unos cuantos hombres, pero deshonra y destruye nuestros recursos, y nos hace enemigos de los pueblos cuya amistad estamos deseando.

La primera ciudad en que entraremos fue edificada por Alejandro en el 332 antes de Cristo, y a cada paso hallaremos magnos recuerdos, dignos de excitar la envidia de los franceses.

¡Soldados, sed dignos de vuestra bandera, sed dignos de Francia!

La idea de valorar a Egipto como puerta de Oriente nace quizá con la propia historia del mismo país milenario. La fortalece Alejandro Magno y sus sucesores los Ptolomeos y la culmina en la Edad Antigua Marco Antonio seducido por Cleopatra. En la época moderna, ya en 1672, el pensador alemán Leibniz esbozó un memorándum a Luis XIV, el omnipotente soberano francés, indicando que la política imperial francesa debía desarrollarse dando importancia primordial a aquella parte de África. Goethe anticipó ya la construcción del canal de Suez, una idea que por otra parte ya algunos faraones habían esbozado, y le atribuyó gran valor político.

Pronto la expedición de Napoleón a Egipto constituirá un fracaso militar, sin embargo, a largo plazo sería motor de la colonización política del moderno Egipto y de la exploración científica del Egipto antiguo. Napoleón, a bordo de los buques de la flota francesa de desembarco, no solamente llevó cañones, sino también, entre sus soldados, a ciento setenta y cinco paisanos, sabios y eruditos, a quienes los marineros y soldados hacían mofa de ellos denominándoles les *ânes*, los «asnos». Con ellos llevó una biblioteca con casi todos los libros que trataban sobre el país del Nilo y decenas de cajones con aparatos científicos e instrumentos de precisión. Y entre aquellos *ânes* un simple y desconocido dibujante-pintor: Domenique Vivant Denon, que a su ansia de plasmarlo todo en el papel le debemos la primera gran colección de jeroglíficos. Pero éstos hubieran sido mudo testimonio de una antiquísima y floreciente cultura de no ser por el hallazgo también en la campaña napoleónica de la piedra Rosetta, gracias a la cual el genial Champollion inició el desciframiento del material que había comenzado a reunir Vivant.

¿Quién descubrió la piedra Rosetta? Se cita a Dhautpoul, pero éste era sólo el jefe de las fuerzas de zapadores, un superior jerárquico del soldado que realmente la encontró. También se menciona a Bouchard, un oficial encargado de dirigir los trabajos de fortificación. Pero éste sólo transportó la piedra desde la localidad de Rosetta a El Cairo. Al parecer, quien realmente la halló fue un soldado napoleónico, cuya cultura no sabemos si le permitió conocer el valor de su hallazgo, o simplemente quedó fascinado por su aspecto lleno de signos misteriosos y huyó dando grandes alaridos como el que teme caer bajo el hechizo de una maldición. La piedra, tan grande como el tablero de una mesa, presentaba caracteres jeroglíficos, demóticos (es decir, esquematizados) y... griegos, y gracias a éstos, la puerta se hallaría abierta para Champollion, para la comprensión de los jeroglíficos.

CAPÍTULO X

EGIPTO, EN LA ÉPOCA DE LA CAMPAÑA NAPOLEÓNICA

El imperio otomano había confiado a un bajá el gobierno de Egipto, ocupado por los coptos, quienes se hallaban sojuzgados por los árabes, y éstos a su vez por los turcos, los verdaderos amos del país. A dicho bajá le apoyaban tropas turcas y los mamelucos, que eran esclavos circasianos que dominaban Egipto desde la época de las Cruzadas. Los mamelucos eran unos jinetes muy diestros y hábiles en el manejo de las armas.

Bajo el mando de veinticuatro beyes se habían adueñado poco a poco del país, haciéndolo en realidad independiente del poder turco.

Bonaparte pensó al momento aniquilar aquellas fuerzas, las únicas que podían impedir sus planes de invasión, y por eso avanzó rápidamente hacia El Cairo, donde aquéllos estaban concentrados.

El general Dugua se dirigió hacia Rosetta, a fin de apoderarse de dicha ciudad y proteger a la flota que ya había recibido la orden de zarpar a Abukir y dirigirse a El Cairo por el brazo izquierdo del Nilo y reunirse con el ejército de Ramanieh.

Por su parte, Dessaix avanzaba con la vanguardia por las arenas de Damanhur, seguido a corta distancia por el grueso del ejército.

Naturalmente, no fue un camino de rosas, sino todo lo contrario. Por la noche, una niebla muy densa y helada atería a los expedicionarios; de día, el calor era insoportable y asfixiaba a aquellos soldados. Además, la escasez de víveres y agua empezaba a matar a la tropa, hasta que al final los soldados amenazaron con una insurrección.

Por fin, el 8 de julio se cruzó aquel desierto y un par de días más tarde Rahmanieh llegó a orillas del Nilo. Tan pronto como la tropa se hubo refrescado, se tocó llamada contra los mamelucos, y éstos fueron rechazados por los soldados del general Dessaix.

Las victorias de las diferentes batallas que siguieron a esta primera fueron numerosas y definitivas, y el 21 de julio, el ejército divisó ya las gigantescas pirámides.

Son famosas las palabras que Napoleón dirigió a sus soldados a la vista de las pirámides de Keops, Kefrén y Micerino:

«¡Soldados, cuarenta siglos os contemplan desde lo alto de esas pirámides!»

Allí se produjo una lucha feroz contra los mamelucos, los cuales llevaron la peor parte, y a la victoria de dicha batalla Napoleón la denominó *de las Pirámides*, consiguiendo con la misma El Cairo, todo el delta del Nilo y cuatrocientos camellos, gran cantidad de víveres y cuantiosas riquezas de los enemigos. Y el 26 de julio, Napoleón entró triunfalmente en El Cairo, siendo acogido como un verdadero libertador. Fue apodado «El Kebir» o padre del fuego, aludiendo a su genio militar, y se compusieron incluso himnos en su honor.

Un nuevo amorío de Napoleón

Cuando Napoleón partió hacia Egipto, Josefina no tardó en reanudar sus relaciones con Hipólito Charles. Hasta El Cairo llegaron a oídos de Bonaparte estas relaciones, pues una tarde, paseando con Junot, éste le reveló los hechos, ante los cuales Napoleón montó en cólera. Fue entonces cuando inició un romance con una tal Paulina, casada con un oficial llamado Fourés.

Paulina era una modistilla de Carcassonne, que había seguido a su marido con el ejército expedicionario de Napoleón. Como dicho marido era un estorbo para las pretensiones del corso, éste decidió enviarlo a Europa para llevar a cabo una misión especial. Al efecto, dictó la siguiente orden:

Se manda al ciudadano Fourés, teniente del 22.° regimiento de cazadores de caballería, que salga para Rosetta con la primera diligencia, a fin de trasladarse desde allí a Alejandría, donde procederá a embarcarse. El ciudadano Fourés será portador de unos despachos que sólo leerá cuando se halle en alta mar, y en ellos hallará instrucciones acerca de su misión.

De esta manera Napoleón eliminó una dificultad en el camino de sus amoríos extraconyugales.

Continuación de la campaña de Egipto

Gracias a la victoria de las Pirámides, Napoleón se hizo dueño del Bajo y Central Egipto, pero todavía debía conquistar el Alto Egipto, donde se había retirado Murat con sus fieles mamelucos. El combate contra el grueso de los mamelucos, aliados de los turcos, le fue confiado al general Dessaix, el cual se halló ante el enemigo en Sedimán, el 7 de octubre. La batalla fue una nueva victoria para el ejército napoleónico.

Mientras tanto, Napoleón, con Dutertre, Berthollet, Costaz y otros, junto con medio batallón de soldados, se dirigió a Suez para solucionar el problema de unir el mar Rojo con el Mediterráneo y buscar las huellas del famoso canal al que Sesostris dio su nombre. Sesostris era en realidad Ramsés II el Grande, que elevó a Egipto a la más alta cumbre del poder y a la ilustración. En realidad, este faraón no pudo llevar a cabo su proyecto, que no se hizó realidad hasta que trazó sus planes Fernando de Lesseps.

Cuando Bonaparte se dirigió a El Arich, la escuadra inglesa trató de impedirlo bombardeando el puerto de Alejandría, pero Napoleón no hizo caso y tomó la ciudad de Siria.

Gaza y Jaffa se entregaron a las tropas de Bonaparte, pero no sin que la segunda intentase resistirse al asalto. Al cabo de tres días de asedio, Napoleón envió a un turco exigiendo la rendición de la plaza, pero fue decapitado. Poco después, la artillería logró abrir una brecha en las defensas de la ciudad, y los soldados penetraron por allí como verdaderos leones del desierto.

Hubo una espantosa carnicería que duró dos días, siendo pasados a cuchillo casi todos los habitantes de la guarnición, pese a haberse rendido.

La matanza de Jaffa fue terrible, algo impropio de los civilizados franceses, y ha pasado a la historia como un acto de locura colectiva, en la que Napoleón desempeñó solamente un papel pasivo, aunque no por esto menos culpable.

Regreso de Napoleón a Francia

A fin de completar la conquista de Siria le era indispensable a Napoleón apoderarse de San Juan de Acre, por lo que no tardó en dirigirse hacia esta ciudad.

En plena marcha fueron los franceses rechazados en Naplouse, donde murió el general Barthélemy, pero luego, tras la ocupación de la plaza de Jaffa, la tropa siguió avanzando hacia San Juan de Acre, donde se había refugiado Djezzar, con sus inmensas riquezas y una fuerte guarnición defensiva.

Pese a los cinco asaltos efectuados contra la ciudad, fue imposible penetrar en ella, por lo que después de diversos contratiempos que se presentaron, Napoleón decidió regresar a Egipto. Sin embargo, esta empresa no era ya nada fácil,

Gracias a la batalla de las Pirámides, Napoleón conquistó El Cairo y todo el delta del Nilo.

pues la peste había hecho presa entre la tropa, y el enemigo lo tenía cercado casi por completo. Fue de noche solamente cuando el ejército francés consiguió pasar inadvertido y huir de aquella trampa.

Tras unos días de marcha, el ejército de Napoleón entró otra vez en Egipto, con la tristeza de haber perdido a más de mil hombres, no tanto por la guerra como por la peste.

Mientras tanto, en Francia las cosas iban de mal en peor. El Directorio era no sólo combatido en Italia, Suiza y Holanda, lo mismo que en España, Austria y Rusia, sino que en su propio país tenía numerosos disidentes que deseaban la caída del régimen.

El gobierno solía enviar cartas a Bonaparte, a Egipto, dándole cuenta de lo azaroso de la situación, tanto en el interior del país como en el aspecto internacional. Y Napoleón resolvió regresar a Francia, dejando la campaña de Egipto, prácticamente terminada, en manos del general Kleber.

Pese a las victorias conseguidas en Egipto por Napoleón, su mayor triunfo fue el descubrimiento de la piedra Rosetta, que significó el conocimiento de los jeroglíficos y por tanto de la historia egipcia. Esto hizo que los egipcios tomaran conciencia de su gran pasado, y tal vez de un esplendoroso futuro.

CAPÍTULO XI
NAPOLEÓN, EN PARÍS

En octubre de 1798, Napoleón estaba satisfecho de los cuatro meses pasados en Egipto. Había ocupado el país y promovido su desarrollo. Pero esta época de felicidad terminó con el descubrimiento de dos traiciones. La primera le llegó con una carta, ya que un buque francés logró arribar a Egipto pese al bloqueo impuesto por la escuadra de Nelson. La carta iba dirigida a Junot, mas como en la misma se hablaba de Josefina, aquél la enseñó a Napoleón. Según esa carta, Josefina había regresado a París del balneario de Plombières en compañía de Hipólito Charles. Durante las noches del viaje ambos habían dormido en las mismas posadas. Al llegar a la capital, lo había recibido asiduamente en su casa de la calle Chantereine, y juntos se mostraban en público, como por ejemplo, a media luz en el palco del teatro de los Italianos. París entero sabía que Josefina tenía un amante y que éste no era otro que Hipólito Charles.

Napoleón se quedó de una pieza. Jamás había creído verdaderamente que su mujer le fuese infiel. Pero a todos los que interrogó le confirmaron la noticia. Sí, era el clásico marido engañado de las obras de Molière. Y como aquél, él era el último en enterarse de la infidelidad de la esposa. Furioso, loco de celos y rabia, juró matar al maldito Charles. Además, decidió divorciarse de Josefina. Y al finalizar aquellos cuatro meses embarcó rumbo a Francia, burlando nuevamente a Nelson. Jamás volvería a Egipto, a pesar de sus intenciones de regresar a aquel país. Pero su huella permanecería en la nación africana.

Napoleón llegó a París a las seis de la mañana del 16 de octubre de 1799, contento de haber burlado el bloqueo inglés.

Pero al llegar a su casa apenas la reconoció. Josefina, que no estaba en ella, había hecho cambiar la decoración del inmueble. Esto reforzó aún más su decisión de divorciarse de ella.

Mas a pesar de su dureza como militar, cuando Josefina volvió al cabo de dos días, explicándole que había ido a recibirle por el camino de Borgoña, cuando él había vuelto por el de Nevers, y los hijos de la bella criolla intercedieron por su madre, Napoleón decidió olvidar el incidente de Charles. Y las relaciones conyugales quedaron más unidas que antes, al menos temporalmente.

El Directorio ya aguardaba al invicto general. Y fue entonces cuando le ofrecieron que escogiera el mando de uno de los Ejércitos. Su respuesta fue que reflexionaría sobre la oferta.

Lo cierto era que deseaba estudiar el panorama de Francia, que al parecer no podía ser más sombrío. Barras había decaído en su trabajo, organizando veladas de juego y acostándose con toda clase de mujeres. Vendía los cargos para obtener dinero y llevaba la vida disoluta tan bien descrita por su primo el Marqués de Sade. El paro era casi general, y los bandidos pululaban por los caminos mal guardados de Francia. La Vendée y la Bretaña estaban de nuevo en armas, y había mucha gente que ansiaba la vuelta de los Borbones.

Ante este panorama, Napoleón comprendió que debía actuar lo antes posible. Primero pensó en ser elegido director. Para esto fue a tratar con Barras, quien ya negociaba con Luis XVIII la restauración de la monarquía en Francia. Como era de esperar, ante las pretensiones de Bonaparte, le trató con suma frialdad.

Y Napoleón, en vista de esto, varió de táctica. Tenía como amigo a un director nombrado poco antes, José Sièyes, buen orador, excelente escritor y admirador de Voltaire, a quien se parecía físicamente. Y Napoleón se alió con Sièyes para salvar a Francia y los principios de la Revolución.

Se pusieron de acuerdo en la táctica a seguir. Invitarían a los componentes del Directorio a dimitir, con lo que quedaría vacante el poder ejecutivo. Después, pedirían a los dos Consejos que nombraran un comité de tres miembros para redactar una nueva Constitución. Como se esperaba una gran oposición por parte del Consejo de los Quinientos y del pueblo de París, los amigos del Consejo de los Ancianos trasladarían los dos Consejos a Saint-Cloud.

Napoleón y Sièyes llevaron a cabo su proyecto con la ayuda de varios miembros del Consejo, entre los cuales se contaban José y Luciano, el cual era jefe del Consejo de los Quinientos.

Tras diversos tumultos y avatares de todas clases, desde noviembre de 1799 a febrero de 1800, en que se efectuó el recuento de votos, sobre la decisión de Napoleón, Sièyes y los suyos, aquél fue considerado como cónsul de Francia provisional. Finalmente, Napoleón fue nombrado primer cónsul efectivo, y dejó a Sièyes la libertad de que eligiese el Senado a su gusto. La nueva Constitución se publicó el 24 de diciembre de 1799, siendo Napoleón todavía cónsul provisional. Después, fue reafirmado en su puesto de primer cónsul, teniendo como segundo cónsul a Jean-Jacques Cambacères, y como tercero a Charles François Lebrun.

El primer acto de Napoleón como Primer Cónsul fue trasladarse a vivir a Las Tullerías, junto con Josefina.

El propósito de Napoleón al iniciar el Consulado será reconciliar a los franceses en un movimiento nacional. Su gobierno se esforzará en acabar con las luchas entre sus súbditos. Iniciará esta política con el ejemplo: renunciará a toda persecución revolucionaria. Para ser considerado un gobierno nacional deberá superar la lucha entre las facciones, restableciendo la unidad francesa. «Para consolidar la República —dirá— es preciso que las leyes se funden en la moderación, el orden y la justicia. Sin la moderación, el hombre es una bestia feroz; sin ella puede existir una facción, pero nunca un gobierno nacional... Gobernar mediante un partido es colocarse tarde o temprano bajo su dependencia... Yo soy nacional... Nunca tomaré el color de un partido... Que mi gobierno reúna a todos los franceses; es un gran camino en el que todos podrán desembocar. El fin de la revolución sólo puede ser resultado del consenso de todos.»

La acogida del intento será favorable por amplios sectores de la opinión francesa. Los monárquicos le agradecerán el restablecimiento de la ley y del orden, el fin de su persecución y otras medidas favorables. Los republicanos le agradecerán también el orden que proporciona seguridad a las situaciones adquiridas. Las potencias europeas acogerán por el momento con satisfacción el Consulado, viéndolo como prenda de reposo para todos los Estados...

El Consulado napoleónico buscará también la *continuidad* de Francia; así el propio Napoleón manifestará: «las revoluciones negaron todo lo anterior destruyendo el pasado para crear el futuro... Yo no me separo de mis predecesores y, desde Clodoveo hasta el Comité de Salvación Pública revolucionario me hago solidario de todo... Restableceré cuanto recuerde y honre las glorias de la antigua Francia: Juana de Arco, Carlomagno, los grandes capitanes... reintegraré al servicio del Estado a las grandes familias francesas que han desempeñado las funciones civiles, judiciales y del Estado durante siglos».

Finalmente, Napoleón intentará la solidaridad y reconciliación internacional. «Es preciso que las formas de los gobiernos que nos rodean se aproxime a la nuestra o que nuestras instituciones políticas estén un poco más en armonía política con ellos. Hay un espíritu de guerra entre las viejas monarquías y una república completamente nueva. He aquí la raíz de las discordias europeas. Por eso hay que aproximar el sistema político francés al europeo; las monarquías deberán aceptar el Consulado porque ha puesto fin a la anarquía.»

Así, el primer cónsul se presentaba como mediador entre el Antiguo y el Nuevo Régimen que él representaba.

CAPÍTULO XII
NAPOLEÓN, PRIMER CÓNSUL

Como primer cónsul, Napoleón se hizo muy popular en toda Francia. Además, Josefina —criolla exótica—, por sus extravagancias tanto en el vestir como en sus costumbres personales, añadía cierto cariz romántico a la figura de Napoleón. Pero no todo era oro en aquel país. Cuando Bonaparte empuñó las riendas del mando, que esto significaba el cargo de primer cónsul, halló el erario casi exhausto, con una deuda de cuatrocientos setenta y cuatro millones. Circulaba papel moneda sin el menor valor. Los funcionarios civiles llevaban diez meses sin cobrar. Es decir, el principal problema era monetario. Napoleón logró un préstamo de dos millones de francos de Génova; tres más de banqueros franceses y nueve de una lotería que inauguró. De esta manera hizo frente a la posible bancarrota de sus primeros meses de mandato. Implantó asimismo un nuevo sistema de recaudación de impuestos, que funcionó muy bien. Y una vez tuvo arreglada la cuestión financiera, se dedicó a las leyes y la justicia. Para ello decidió redactar un nuevo código civil y otro código militar. Reunió a dos expertos de cada región, y les dio seis meses para redactar el código civil en primer lugar.

El código resultante, llamado de Napoleón, estuvo vigente en muchos países, que lo imitaron, durante muchísimos años, y todavía hoy día los existentes tienen como base aquél.

Luego, respecto al ejército, todos los militares esperaban que Napoleón les concediese una posición privilegiada, pero no fue así, afirmando que un soldado es antes ciudadano y defensor del pueblo que militar y defensor de la patria.

Napoleón le dio a Francia un código penal, y nombró nuevos jueces para aplicarlo como era debido.

En el terreno de la educación superior, creó doce escuelas de Leyes en París y provincias, y para formar profesores instauró una Escuela Normal Superior, cuya reputación aún se conserva hoy día. En otro orden de cosas, unificó los pesos y medidas. En 1802 creó la Legión de Honor, el más preciado galardón de Francia.

Reinstauración de las iglesias

Durante el Antiguo Régimen circulaba por Francia una anécdota, según la cual un marqués al llegar a su casa halló a su esposa en la cama con un obispo. El marqués se encogió de hombros y abrió la ventana, haciendo con gran ostentación la señal de la cruz, como una bendición. El obispo, maravillado, le preguntó qué hacía, y el marqués contestó tranquilamente: «Como vos hacéis mi oficio de marido en la cama, yo hago el vuestro bendiciendo».

Esta anécdota demuestra el odio instintivo que el pueblo sentía por el alto clero que percibía descomunales ingresos. Por ejemplo, el arzobispo de Dillon tenía una renta de un millón de francos, aunque a menudo no le bastaban para sus ingentes gastos. Por eso se produjo una violenta reacción contra la Iglesia en tiempos de la Revolución. Sin embargo, existían los curas juramentados, fieles, al menos exteriormente, a la República.

Napoleón, por su parte, había perdido la fe en Brienne. Creía en Dios pero pensaba que Jesucristo había sido únicamente un hombre, un profeta, tal vez al estilo de Mahoma. Sin embargo, consideraba que la religión era un bien para el ser humano, pero se guardaba esta opinión para sí. Sus generales eran ateos, los consejeros volterianos, Talleyrand, el antiguo ministro de Asuntos Exteriores, que tanta influencia ejerció durante casi la mitad del siglo XIX en Francia, era un bromista que solía hacer chistes sobre la situación de Norteamérica; por otra parte, Napoleón deseaba la unión de las dos Iglesias y, especialmente, que los franceses pudieran practicar la religión que la Revolución no había conseguido desterrar de sus corazones. Estudió los informes del Ministerio del Interior, investigó a fondo la voluntad de la mayoría, leyó los últimos libros, e incluso envió emisarios por toda Francia para efectuar un sondeo de opinión, lo que hoy llamaríamos una encuesta popular.

En el Vaticano se sentaba en la silla de San Pedro Pío VII, elegido en marzo de 1800, joven todavía para haber llegado a Papa, puesto que contaba cincuenta y ocho años. Las conversaciones para firmar un concordato con la Santa Sede empezaron en París, en noviembre del mismo año en que fue elegido el nuevo Papa.

Etienne Bernier fue el representante de Napoleón en dichas conversaciones. El primer cónsul le había ordenado que mantuviese ante todo dos puntos: que el Estado debía retener todas las propiedades confiscadas a la Iglesia, y que Pío VII debía obligar a todos los obispos a renunciar a sus cargos, con lo que él podría crear sin traba alguna la nueva Iglesia francesa.

Estos dos puntos, particularmente el segundo, trajeron muchas discusiones, ciertamente enconadas por ambas partes. Al final, el Papa se conformó con la condición de que el Estado francés declarara al catolicismo «religión oficial». Napoleón dio su aprobación a los diecinueve días del inicio de las conversaciones.

Fue entonces cuando hizo su aparición Talleyrand. En 1790, el antiguo obispo (que eso había sido Talleyrand) dirigió el movimiento de separación de la Iglesia francesa, y no aprobó el sistema de Napoleón. Además, vivía en concubinato con Madame Grand, una mujer tan estúpida como astuto era él, y deseaba casarse con ella. Por esto, dijo que el concordato estaba en pugna con los principios de la República, y redactó otro en el que llamaba al catolicismo «la religión de la mayoría», añadiendo la cláusula llamada Grand: los sacerdotes casados podían administrar la comunión.

Esto dio lugar a un tercer y un cuarto concordatos, y fue el propio Napoleón quien redactó el quinto, en el que se describía al catolicismo como «la religión de la mayoría», y se anulaba la cláusula Grand.

No terminaron aquí las maniobras, las maquinaciones y las que podríamos llamar «marrullerías», llevadas a cabo tanto por un bando como por el otro, pero finalmente el 15 de julio de 1801 se firmó el concordato en las Tullerías. La práctica de la religión era «libre y pública». Y en abril de 1802, Napoleón volvió a abrir las iglesias de Francia.

Sin embargo, las disputas con el Papa no concluyeron en aquellos instantes, sino que continuaron, con diversas alternativas, hasta enero de 1813, cuando Pío VII entró en Francia y se instaló para una visita más bien protocolaria, en Fontainebleau, donde le visitó Napoleón, el cual le besó en ambas mejillas y le abrazó cordialmente.

Tal fue el enfrentamiento de Napoleón con el Papa, siendo notorio que durante sus disputas, el corso padeció grandes angustias y preocupaciones. El concordato firmado por el papa Pío VII y Napoleón estuvo vigente en realidad hasta 1905, siendo el modelo durante el siglo XIX de treinta concordatos más.

Como agnóstico y deísta, Napoleón niega toda religión positiva, pero cree en la utilidad de la religión para la política. La no comprensión de la esencia de la religión y el papel que todavía jugaba entre la mayoría de la población francesa fue la que condujo a un enfrentamiento definitivo con los poderes de la Iglesia y la población católica.

Por el momento, Bonaparte se sintió bastante fuerte para imponer en Francia la paz religiosa. El *Tedeum* que se cantó el día 18 de abril, domingo de Resurrección, en NôtreDame,

Los insumisos jefes de La Vendée se rinden en enero de 1800.

intentó festejar a la vez la paz restaurada y la religión restablecida. Delante de la catedral, donde se habían echado al vuelo las campanas, el arzobispo y treinta obispos recibieron al primer c ónsul. Vestido con un uniforme rojo que hacía resaltar la palidez «sulfurosa» de su rostro, Napoleón llegó en carroza con lacayos de librea. A su alrededor muchos oficiales suyos menos hipócritas reprobaban tal mascarada. ¿Para llegar a esto se había hecho la Revolución?, pensaban. Pero en las calles el pueblo estaba contento por la vuelta de la fiesta dominical y acogería con gozo que en todas las misas se orase por la salud del país y la de su líder, al que el Consulado se le haría pronto demasiado estrecho...

CAPÍTULO XIII

LAS RELACIONES CON INGLATERRA

En 1800, Jorge III, rey de Inglaterra, que a sí mismo se llamaba rey de Francia, tenía ya sesenta y dos años, llevando cuarenta de gobierno en su país. Era muy aficionado a la música, particularmente a la de Häendel. Su primer ministro era William Pitt, hombre seco y rígido, muy inteligente, que durante dieciséis años había llevado las riendas de la nación. Su primo, William Greville, era el ministro de Asuntos Exteriores.

En 1783, los colonos norteamericanos habían derrotado a Inglaterra con la consiguiente pérdida de trece Estados, y esta derrota fue un gran golpe para el orgullo inglés y su comercio. Y ahora aparecía otra nación que se mostraba enemiga suya, una república que acababa de derrocar a una monarquía. Por lo tanto, Inglaterra, con el rey a su cabeza, dio la bienvenida a los emigrados franceses que huían de la guillotina. El 31 de enero de 1793, Pitt declaró que acababa de iniciarse la guerra contra Francia, «guerra de exterminación».

La astucia inglesa

Al convertirse Napoleón en primer cónsul, Francia ya había logrado «fronteras naturales» por las armas, y había creado repúblicas en Holanda y Suiza que protegiesen sus vulnerables flancos. Pero al cabo de casi ocho años de guerras, Francia estaba harta de tales hostilidades. Y Napoleón lo sabía.

Por Navidad de aquel año le envió, pues, un mensaje de paz al gobierno de Jorge III, y éste, el día de Año Nuevo, le escribió a Grenville sobre la «carta del tirano corso». En dicha comunicación alegaba que era imposible tratar con una aristocracia de nuevo cuño e impía, por lo que no se dignaría contestar personalmente. Grenville respondería con una nota, no con una carta, dirigida a Talleyrand. Grenville, fiel al mandato, redactó una nota muy altiva, en la que exigía la restauración borbónica y la vuelta a las fronteras de 1789.

En realidad, Jorge III no deseaba la paz, lo mismo que su gobierno. Era el orgullo lo que le impelía a mostrarse inflexible con Napoleón. Después de la derrota en América del Norte, Inglaterra no podía permitirse el lujo de quedar relegada a segundo término en Europa, si no algo peor. Cuando Napoleón recibió la nota de Grenville, se apresuró a buscar la paz con los otros enemigos sempiternos de Francia: Rusia, Turquía, Estados Unidos y Austria, a los que llevó a la mesa de conversaciones. Así, a pesar de que Pitt presionó a esta última nación para que continuase la guerra, llegando al extremo de ayudarla financieramente, Cobenzi y José, el hermano del corso, firmaron la paz en Lunénville, en febrero de 1801.

La guerra, poco popular en el pueblo inglés, se hizo más impopular a medida que en Europa se firmaba la paz. En febrero de 1801, Jorge III y Pitt tuvieron una discusión acerca de las concesiones que se debían hacer a los papistas, como ellos llamaban a los católicos, y con esta excusa Pitt renunció a su cargo. Le sucedió Addington, hombre de ideas moderadas, el cual envió a lord Cornwallis a Amiens, donde firmó un tratado de paz con José en marzo de 1802. Inglaterra devolvería todas las conquistas coloniales, salvo Trinidad y Ceilán; en seis meses, Alejandría tenía que ser devuelta a Turquía, y Malta, capturada poco antes, a Francia, la cual devolvería por su parte Tarento al rey de Nápoles. En conjunto, fue una paz favorable a Francia.

Pese a este cambio en las relaciones entre Francia e Inglaterra, el tratado de paz de Amiens no tardó en revelarse como papel mojado. Las maquinaciones de Grenville y su grupo, enemigos de Napoleón, lograron que Addington retrasara el cumplimiento de las cláusulas del documento, de manera que en septiembre de 1802, fecha en que Inglaterra debía haber evacuado sus tropas de Malta, éstas seguían en la isla, mientras que Napoleón sí había cumplido su palabra de evacuar Tarento.

Al ver que transcurrían las semanas sin señales de aquella evacuación, el primer cónsul empezó a inquietarse. El Consulado todavía no tenía tres años de existencia, y cada semana de retraso era una esperanza para los monárquicos. Las cortes de Viena, Berlín, San Petersburgo, Nápoles y Roma eran otros tantos focos de propaganda antinapoleónica, que sólo aguardaban una señal de Inglaterra para privar a Francia de todas sus conquistas recientes. Napoleón invitó a regresar a su trono al rey Carlos Manuel, que había ido a refugiarse a Roma. Pero Carlos Manuel, hombre débil y manejado por el Vaticano, no se trasladó y Napoleón pensó que era muy peligroso crear un vacío entre Francia y la República Cisalpina, vacío que podía resultar tentador para Austria. Napoleón decidió incorporar el territorio a Francia, anexión que los piamonteses aceptaron de buen grado, pues ello suponía un gobierno democrático y de gran tolerancia religiosa.

El segundo peligro era Egipto.

En efecto, en enero de 1803, el gobierno inglés seguía sin evacuar Alejandría, y peor aún, *The Times*, periódico muy vinculado a la corona inglesa, efectuó una reseña, con numerosas acotaciones, sobre la obra de Robert Wilson, *Historia de la Expedición inglesa a Egipto*, con comentarios muy desfavorables a la campaña de Napoleón en el país africano.

El corso se irritó ante las calumnias de dicho libro, y el 30 de enero *Le Moniteur* publicó un informe de Sebastini, un coronel francés, el cual acababa de regresar de una misión en el Oriente Medio. En el artículo de *Le Moniteur* se aseguraba que si los ingleses no cumplían con las obligaciones contraídas, Francia reconquistaría todo Egipto.

La publicación del artículo fue uno de los errores psicológicos que tan a menudo cometen los continentales contra Inglaterra y el carácter inglés. Inglaterra se sintió amenazada, y el pueblo se puso en contra de Francia, haciendo piña en torno a su gobierno. El artículo también molestó a los rusos, que apoyaban cada vez más a los ingleses.

El peligro ruso

Para Napoleón, Suiza constituía otro peligro. Antes de 1798, los trece cantones estaban gobernados por personajes ricos y privilegiados, cuyo dinero se hallaba en los bancos ingleses, pero dicho año la República Francesa envió soldados en ayuda de una revuelta popular que estableció la República Helvética. En 1799, Inglaterra, Rusia y Austria decidieron reinstaurar el gobierno aristócrata. Inglaterra envió, pues, a Winckham con grandes cantidades de dinero, mientras Austria y Rusia contribuían con tropas.

Massena derrotó al ejército austrorruso en mayo de 1801, y quedó confirmada la República Helvética, si bien como una confederación de Cantones. Esta, no obstante, no dio resultado, puesto que los más grandes y ricos crecían a costa de los pequeños. En 1802, la Federación volvió a su forma primitiva, aunque con otra Constitución más centralizada y con guardias que debían proteger los cantones pequeños, a la vez que se retiraban los soldados franceses.

Inglaterra envió más dinero a Suiza, y en Suiza empezaron los disturbios entre los partidarios de la República y los del orden antiguo. Napoleón envió tropas para poner término a la guerra civil, reunió en París a un grupo de ciudadanos suizos de pro y se redactó otra Constitución, por la que se concedía que cada cantón tuviera un gobierno propio, si bien habría una moneda común y libre comercio interior.

Los ingleses consideraron que Napoleón se estaba entrometiendo demasiado en los asuntos de Suiza, y ante su negativa de evacuar Malta, y otras circunstancias que lesionaban los intereses franceses en Europa, Napoleón viose obligado a aceptar la reanudación de una contienda no deseada, en vez de poder dedicarse a reconstruir la industria y el comercio de Francia.

CAPÍTULO XIV
KLEBER, EN EGIPTO

Ya dijimos que Napoleón, al salir de Egipto, confió el mando supremo de la tropa al general Kleber. Este soldado se lamentaba de los sufrimientos de sus subordinados y de la situación en general, por cuya razón estaba ansioso por volver a Francia.

Acusó a Napoleón de haberle dejado en unas condiciones tan pésimas que el ejército era incapaz de sobrellevarlas por más tiempo, y pidió que se ordenase la repatriación de su tropa. La misiva de Kleber llegó a Francia el 8 de Brumario, correspondiente al 9 de noviembre, cuando Napoleón derribaba al Directorio, de manera que fue ya el primer cónsul quien respondió a tal carta.

Napoleón sintiose hondamente herido por el tono de aquella comunicación de Kleber, pero como conocía las grandes gestas militares del firmante, no sólo no le reprochó su amargura sino que le confirmó en el mando, dejándole en entera libertad para negociar.

Kleber, con estos poderes, inició seguidamente las negociaciones con el gran visir, que en Siria se preparaba para invadir Egipto con un poderoso ejército musulmán.

El 21 de enero de 1800, Kleber, el gran visir y el comodoro Sydney Schmit firmaron en El-Arich un tratado por el que los franceses evacuarían Egipto en el plazo de tres meses y volverían a Francia en los barcos que a su disposición pondrían los egipcios.

Una vez ratificado el tratado y cuando ya se efectuaban los preparativos del embarque, el gobierno inglés, pensando que el ejército francés estaba en una situación desesperada, mandó un oficio a su agente en Egipto obligándole a anular el tratado y prohibiéndole que firmase otro si los franceses no rendían sus armas, abandonaban todos los buques en Alejandría, y se declaraban prisioneros de guerra.

La victoria de Heliópolis

Ante esto, Kleber se irritó y leyó a sus soldados la orden de Inglaterra, añadiendo:

«¡Soldados, a semejantes insolencias sólo se contesta con victorias! ¡Disponeos a combatir!»

Estos gritos llevaron a los soldados franceses el sentimiento del deber y despertaron su dormido valor, y se dispusieron a la guerra.

Acto seguido, Kleber y los suyos marcharon hacia la llanura de Heliópolis, entre el Nilo y el desierto, y dispuso la tropa en varios cuadros, flanqueados por la artillería y la caballería, prontos a aguantar el choque del enemigo que avanzaba.

La mañana del 20 de marzo de 1800, Kleber, ataviado de gala, jinete en un corcel ricamente enjaezado, pasó revista a la tropa, infundiéndole valor.

«¡Soldados —les gritó—, no tenéis más terreno que el que pisáis, y si retrocedéis un solo paso, estáis irremisiblemente perdidos!»

Después, dio la orden de ataque y diez mil franceses pusieron en fuga desordenada a ochenta mil turcos.

Para asegurarse mejor el éxito de la victoria, persiguió al enemigo, que se vio obligado a abandonar todo su equipaje y víveres para ponerse a salvo. Seguidamente, marchó sobre El Cairo, que estaba sublevado, lo bombardeó y pronto lo redujo a la obediencia.

Entrada triunfal de Napoleón en Milán.

Asesinato de Kleber

Ya contento con el éxito conseguido y por la satisfacción de sus soldados, no pensó en regresar a Francia, sino que se dedicó con sumo entusiasmo a dotar a Egipto, reconquistado con una sola batalla, de un buen gobierno.

Por desdicha, el 14 de junio, el valiente general Kleber cayó bajo el puñal de un fanático musulmán que de este modo creyó liberar a su patria del yugo francés.

El asesino fue arrestado y fusilado, pero la colonia francesa, al verse falta del único hombre que le infundía confianza, sufrió consecuencias amargas.

Menou, que por razones de antigüedad sucedió en el mando a Kleber, no estuvo a la altura de las circunstancias y aunque era un excelente administrador, era un mal diplomático. Combatido por más de un compañero de armas, al frente de un ejército cansado y descontento, se dejó arrastrar a la ruina.

Fueron vanos los esfuerzos de Napoleón, inútiles sus órdenes y sus consejos. Imprevisor, desanimado, distraído asimismo por el amor a una alejandrina, por la que había abjurado de su fe cristiana, Menou preparaba de día en día la caída desdichada, el triste fracaso de una gloriosa empresa.

Final de la campaña de Egipto

Poco después de la muerte de Kleber, no obstante, la flota inglesa se aproximó a la costa africana, bajo el mando de Abercromby. Al enterarse Bonaparte de ello, ordenó que se hiciesen a la mar en Brest, a las órdenes del contraalmirante Gantheaume, siete naves y dos fragatas, para cerrarles el paso, pero fueron rechazados en el canal de la Mancha y tuvieron que ir a refugiarse a Tolón.

Era realmente simple que semejante flotilla se aventurase por el Mediterráneo, donde surcaban el mar más de cuarenta navíos ingleses. Sin embargo, Napoleón volvió a ordenar que zarpasen y se dirigiesen a Egipto para reunirse allí con el ejército.

Gantheaume obedeció, mas a mitad de camino una epidemia le obligó a privarse de tres naves y cuando estaba ya próximo a desembarcar fue acometido por el enemigo y tuvo que refugiarse de nuevo en Tolón.

Aquí sigamos a César Cantú*:

> *Importaba muy mucho a Bonaparte conservar Egipto, fuese para demostrar que no por simple temeridad había prodigado tantas nobles vidas, fuese para que sirviese de compensación de las excesivas pérdidas sufridas en las colonias; mandaba, pues, noticias, órdenes, municiones y aun auxilios de naves y hombres. Pero la discordia lo malograba todo.*

Mientras tanto, los ingleses, que habían rechazado a Gantheaume, desembarcaron diez mil hombres.

Menou intentó impedirlo, pero las discordias, la falta de fuerzas, la carencia de habilidad estratégica, dieron al traste con esta intención.

Y cuando trató de contener el avance enemigo por tierra era ya tarde. El gran visir se internaba por Siria, el general Baird desde la India avanzaba hacia Suez, y con esto Menou viose perdido.

Derrotado en Canope el 9 de abril, se vio obligado a ceder El Cairo y Alejandría, firmando la capitulación el 30 de agosto.

El 21 de setiembre de 1801, las tropas francesas, casi reducidas a la mitad, fueron repatriadas en naves extranjeras.

---

* Historiador italiano ya desfasado, pero que en su extensa *Historia Universal* (35 vols., 1838-1846) aporta numerosos datos anecdóticos.

Egipto volvió a su estado primitivo sin que Francia adquiriese nada a cambio de los noventa mil hombres que dejaba allí, víctimas de la guerra, de las penalidades y de la peste.

Sólo la ciencia obtuvo un gran provecho al poder desentrañar el secreto de las pirámides, de los obeliscos y de los papiros —gracias al descubrimiento de la piedra Rosseta—, enriqueciendo los museos europeos con momias y ampliando los conocimientos que se tenían sobre el antiguo Egipto de los faraones.

CAPÍTULO XV

LA COLONIA DE SANTO DOMINGO
Y LA LUISIANA

Muy poco después de que fuera firmada la paz de Amiens, Napoleón, en su condición de primer cónsul, se dispuso a preparar en el puerto de Brest una flota a fin de realizar una expedición y someter a su dominio la isla de Santo Domingo.

Ésta fue una empresa poco noble que le costó a Francia el sacrificio de todo un ejército y a Napoleón la vergüenza de haberla propuesto, y la humillación de una triste derrota.

Toussaint-Louverture

Era Toussaint-Louverture un negro muy inteligente, nacido de padres esclavos, en 1748.

La educación que recibió de su padrino, negro como él, fue rudimentaria, casi insignificante, pero siendo un autodidacta nato, se educó luego a sí mismo, llegando a poseer en sumo grado una inteligencia poco común, con gran tenacidad y sentido del honor.

Después de ganarse por sus dotes la confianza del conde de Noé, que era su amo, éste lo separó de los demás esclavos y le nombró su administrador.

Desempeñó con gran eficacia este cargo hasta que las sublevaciones y turbulencias que agitaban a aquella colonia francesa obligaron a huir a sus amos blancos.

Fue entonces cuando Toussaint pensó en la independencia de Santo Domingo, y para ello se alió con el negro Juan Francisco, adalid de la causa española, mas cuando éste fue agraciado con la Grandeza de España, le abandonó para unirse a Francia.

Le siguieron todos sus partidarios, y por eso el general jacobino Lavaux pudo, en perjuicio de los españoles y los ingleses, ocupar la mayor parte de la costa occidental de la isla.

Como premio a sus servicios y al valor de que había dado muestras, Lavaux nombró a Toussaint general de brigada, y unos seis meses más tarde fue ascendido a general de división y lugarteniente del gobierno de Santo Domingo por Santhonax, comisario presidencial.

Sin embargo, pronto estallaron discordias por razones de mando y autoridad entre el jefe republicano y el jefe negro. Toussaint, celoso de su preeminencia y confiando en el apoyo de sus partidarios, obligó a Santhonax a regresar a Francia mientras se hacía con el poder civil de la colonia. Al mismo tiempo envió a sus dos hijos a París, bajo el pretexto de que allí recibirían educación, pero en realidad para que sirviesen de rehenes.

Entonces, el Directorio envió al general Hédouville, con la misión de vigilar a Toussaint y apoyarlo en la guerra que éste mantenía victoriosamente contra Inglaterra.

Los negros, empero, no tardaron en manifestarse contra Hédouville, y explotó la rebeldía, lo que obligó al general francés a huir a su patria.

Casi al mismo tiempo se sublevaron los mulatos, bajo el mando del general Rigaud, pero Toussaint no tardó en restablecer el orden.

Tal era el estado de cosas en la época del Directorio.

La expedición a Santo Domingo

Al ser elegido Napoleón primer cónsul, Toussaint continuó con sus reformas y dio nuevas leyes a su pueblo. Bonaparte miraba con simpatía a aquel negro y deseando ganarlo para su causa le nombró lugarteniente general en nombre de Francia.

Toussaint creyó que tal nombramiento le dejaba las manos libres, y proclamó la libertad de comercio, reorganizó la justicia, reconcilió a los negros con los blancos y se nombró a sí mismo gobernador vitalicio con derecho a nombrar a su sucesor, promulgando una nueva Constitución.

De todo lo cual dio conocimiento al gobierno francés por medio del coronel Vincent, que fue el encargado de presentarle al primer cónsul la Constitución y obtener su aprobación.

Pero Napoleón temió que la proclamada libertad de comercio perjudicase a Francia, por lo que creyó su deber someter a Toussaint a la obediencia.

Según Napoleón, esto era lógico y ventajoso para Francia y su comercio, pero más tarde se vio obligado a confesar que había cometido un grave error.

> *Mucho he de reprocharme la empresa contra esa colonia* —escribió en sus *Memorias de Santa Elena*—. *Fue un gran error quererla someterla por la fuerza. Debí contentarme con gobernarla por medio de Toussaint.*

Pero este arrepentimiento era tardío.

El 24 de diciembre de 1801, la flota zarpó de Brest para llevar a cabo, a las órdenes del almirante Villaret-Joyeuse, la reconquista de la isla. El ejército de tierra iba a las órdenes del general Leclerc, cuñado de Napoleón.

Inglaterra no se opuso a esta expedición, pero envió una flotilla para que observase las maniobras francesas. Al aproximarse la expedición, Toussaint, ya sabedor de las intenciones de Francia, puso en estado de defensa todos los puntos débiles de la isla, a fin de que los de la flota supiesen que se disponía a rechazar el ataque.

Era sumamente difícil la empresa del general Leclerc. Los negros, patriotas, tenaces y orgullosos de su causa, no reparaban en dificultades, y aunque los franceses eran extremadamente valientes, no se veían sostenidos por la fe ni el entusiasmo. Aquella expedición era contraria a su naturaleza, a sus tendencias, a su misión.

Los negros, además, preferían incendiar sus casas antes que permitir que cayesen en poder del enemigo, y las carnicerías eran horrorosas, así como los continuos estragos que se hacían entre los colonos blancos a modo de represalias.

Pese a esto, Leclerc logró salvar todas las dificultades y redujo a la obediencia a Toussaint y a los que le apoyaban.

Al jefe negro se le propuso la reintegración en su cargo como lugarteniente general, pero Toussaint se negó prefiriendo retirarse al dominio de Ennery, donde poseía un rancho.

Leclerc le dejó en libertad, mas con objeto de asegurarse de la conducta que seguiría a partir de aquel momento, ordenó a los generales Brunet y Thouvenot que le vigilaran de cerca.

Estaba restablecida casi la tranquilidad en la isla cuando hizo su aparición la fiebre amarilla. Los cuarteles tuvieron que ser convertidos en hospitales. Toussaint aprovechó la ocasión y se puso de acuerdo con los negros para volver a empuñar las armas cuando la enfermedad hubiese contagiado al mayor número posible de franceses.

Mas como dejó traslucir esta idea a Leclerc, éste le invitó a un ágape, durante el cual lo arrestó junto con su familia y lo envió a Francia, donde murió de frío en una torre el 24 de abril de 1803.

Con el arresto de Toussaint se reprodujeron los combates. En conjunto, perecieron dieciséis mil franceses, entre los cuales se contó Leclerc. La ruptura de la paz de Amiens, ocurrida por entonces, aumentó las calamidades de los franceses. Los negros, provistos de armas enviadas por la flotilla inglesa, luchaban cada día con mayor furor, y Rochambeau, sucesor de Leclerc, tuvo que entregarse prisionero a los ingleses.

De esta manera finalizó aquella expedición. De treinta y dos mil hombres apenas volvieron seis mil.

El 29 de noviembre de 1803 se proclamó la independencia de Haití y Dessalines, el general libertador, se proclamó emperador con el nombre de Jacobo I.

Napoleón había visto frustradas por segunda vez sus esperanzas de darle a Francia una colonia.

A Napoleón no le quedaba más que la Luisiana, adquirida de España, pero enojado y dudando si lograría defenderla en una nueva guerra con Estados Unidos, la cedió a ese país.

> *No sólo por equidad, sino por expresa obligación —dice Cantú en su* Historia*—, habría debido devolverla a España; pero prefirió a Estados Unidos, los cuales se consideraron felices de adquirir por ochenta millones un país que doblaba su territorio y su poder. Fue un acto arbitrario por parte del primer cónsul que, mientras soñaba con poseer colonias en las Indias, sacrificaba éstas y estipulaba en el tratado dones para sí y su familia.*

CAPÍTULO XVI
NAPOLEÓN, EMPERADOR

En realidad, no fue la ambición que se le supone a Napoleón lo que le impulsó a aceptar el trono de Francia como emperador, sino más bien una serie de hechos encadenados, los menores de los cuales no eran las conspiraciones urdidas contra él, alimentadas y patrocinadas por sus enemigos, entre quienes figuraban los ingleses en primera línea.

La conspiración de Cadoudal

El 17 de diciembre de 1800 un individuo que tenía una cicatriz en la frente penetró en la tienda de un comerciante de cereales llamado Lamballe. Dijo que era revendedor y que había adquirido una carga de azúcar negro que iba a enviar a Laval, en la región de Bretaña, donde cambiaría tal azúcar por telas. Para esto deseaba comprar un carro ligero y la yegua de Lamballe, pues se había enterado de que éste quería venderlos. El comerciante pidió doscientos francos por carro y yegua, y el revendedor aceptó el trato, pagó y se llevó su compra a un cobertizo que había alquilado en el número 19 de la rue Paradis, cerca de Saint-Lazare. Unos días más tarde, el revendedor y dos amigos llegaron al cobertizo y cerraron un gran tonel de vino con diez gruesas anillas de acero. Luego, salieron sigilosamente del cobertizo, susurrando entre ellos.

Se trataba de unos oficiales de un ejército clandestino, encargado por Inglaterra de restaurar en el trono a Luis XVIII.

El revendedor se llamaba François Carbon, y sus amigos eran unos caballeros jóvenes, ambos de Bretaña. Uno era hijo de un monárquico guillotinado, y se llamaba Limoëlan, y el otro Saint-Réjant. Los dos llevaban más de un año dedicados a asaltar diligencias y coches de línea, con la finalidad de fastidiar, si se puede usar esta palabra, al gobierno. Ahora planeaban algo de más envergadura, a las órdenes de su jefe y amigo bretón, Georges Cadoudal.

La víspera de la Navidad, Carbon desenganchó la yegua del carro, y con la ayuda de Limoëlan llevó el tonel de vino al puerto de Saint-Denis, al norte de París. Allí desembalaron el tonel y lo hicieron rodar hasta una casa abandonada. Media hora más tarde salieron con el tonel lleno, ya que lo llevaban encima de unas parihuelas. Con la ayuda de Saint-Réjant y otro individuo volvieron a izarlo al carro.

Luego, condujeron dicho carro a la rue de Saint-Nicaise, al norte del palacio de las Tullerías. Ya había anochecido y empezaba a llover. Detuvieron el carro y lo inclinaron como para vaciarlo de su contenido. Lo que hacían en realidad era introducir una mecha de cebo en el tonel, que contenía pólvora y guijarros.

Limoëlan atravesó hasta la plaza de Carrusel, desde donde tenía que dar la señal de encender la mecha en el instante oportuno. Saint-Réjant, por su parte, situó el carro de manera que se deslizara sin obstruir la circulación por completo. Luego llamó a una muchachita, a la que ofreció una pequeña cantidad de dinero para que, durante unos minutos, sujetase a la yegua. Entonces, Saint-Réjant se dispuso a encender una cerilla. Tendría después el tiempo justo de salir corriendo para ponerse a salvo.

Napoleón estaba en las Tullerías dormitando en el salón junto al fuego, tras terminar de cenar. Aquella tarde se estrenaba en París *La Creación*, el fabuloso oratorio de Haydn. Como Josefina y Hortensia pensaban asistir a la *première*, iban ataviadas de gala. Napoleón no se había decidido

El hombre que daba miedo a toda Europa, desde el Papa al zar de Rusia.

todavía a ir con ellas, a causa del día agotador que había tenido. Finalmente, Josefina le convenció y los tres salieron de palacio. Napoleón montó en su carruaje, mientras Josefina lo hacía en el segundo, en compañía de Hortensia, Carolina y Rapp, ayudante de campo alsaciano al servicio de Napoleón. Éste ya había partido tres minutos antes.

El cochero del primer cónsul estaba un poco embriagado, por ser la víspera de Navidad, por lo que fustigó con fuerza a los caballos, precedidos por los granaderos montados, a través de la plaza del Carrusel. Napoleón volvía a dormitar.

En la esquina de la calle de San Nicasio, Limoëlan aguardaba con ansiedad. Cuando divisó el coche, le fallaron los nervios y no dio la señal convenida. Pero cuando avistó a los granaderos, Saint-Réjant prendió fuego a la mecha y echó a correr.

El cochero vio la yegua y el carro que bloqueaban el paso, y de haber estado sereno se habría detenido, pero en su borrachera lanzó el coche a toda velocidad por el estrecho paso, girando hacia la siguiente calle. Fue entonces cuando explotó el barril de pólvora con un tremendo estampido.

Tan violenta fue la explosión que algunos granaderos quedaron desmontados. Napoleón, no obstante, salió ileso. Del segundo carruaje se rompieron los cristales. Josefina se desmayó y Hortensia sufrió una herida en una mano. Carolina, que estaba embarazada, padeció tan fuerte impresión que su hijo nació epiléptico. Varias casas se derribaron, y la muchachita que sujetaba la yegua, el animal y el carro se pulverizaron. Fallecieron nueve personas inocentes y hubo veintiocho heridos.

Saint-Réjant huyó de la justicia a Estados Unidos y terminó siendo sacerdote. Los demás conjurados, entre los que se contaban el conde D'Artois y los hermanos Polignac, huyeron a Inglaterra, y Cadoudal juró matar personalmente al primer cónsul. Hubo un nuevo complot, también con la complicidad del gobierno inglés, el cual entregó a Cadoudal letras de cambio por valor de un millón de francos.

En la segunda semana de agosto de 1803, Cadoudal y otros cuatro se embarcaron en el bergantín español *El vencejo*, en Hastings.

La noche del 20, Wright, capitán inglés del barco, les dio una barca de remos, con la que se dirigieron a una región desierta de la costa de Normandía, no lejos de Biville. Ya en Francia, viajaron de noche, alojándose en las mansiones de los monárquicos, y al llegar a París, Cadoudal cambió su nombre por el de Couturier. Luego, volvió dos veces más a Normandía en busca de otros conspiradores. Uno de ellos era el general Pichegru, antiguo monárquico.

Entre dichos generales se contaba Bernadotte, marido de Eugenia Desirée Clary, enemigo declarado de Napoleón, pese a combatir a sus órdenes.

Cadoudal, siempre escondido en París, revisó los últimos detalles del complot, en el que entraban a formar parte sesenta hombres decididos a derrocar a Napoleón. Tenían uniforme de húsares, y cuando el infatigable conde D'Artois diese la señal, unos individuos escogidos se los pondrían y tomarían parte en el primer desfile a celebrar en la plaza del Carrusel, donde tales paradas eran frecuentes. Al revistar las tropas Napoleón, uno de ellos se cuadraría ante él con una solicitud, en tanto los demás sacarían puñales para matarlo.

El 14 de febrero de 1804, muy temprano, Napoleón se estaba afeitando mientras Constant, su fiel ayuda de cámara, a quien se deben unas sabrosas *Memorias* de su amo, le sujetaba el espejo. De pronto, se abrió la puerta y entró Réal, jefe de policía, muy excitado.

En resumen, el complot estaba descubierto, aunque se ignoraban los detalles del mismo, pero alguien había dado cuenta de la presencia de Cadoudal en París, así como de otros enemigos de Napoleón. Poco después, Cadoudal fue arrestado, no sin haber asesinado a un policía y herido a otro antes de ser apresado.

Hubo otros intentos de complot, todos los cuales fracasaron de una manera u otra. Mientras tanto, en la opinión pública, expresada a menudo por los periódicos, iba naciendo una idea: Napoleón debía ser el rey de Francia, inaugurar una nueva dinastía. Después de los complots de Cadoudal, el propio Napoleón empezó a tomar en serio aquella proposición. Sin embargo, como buen republicano que era, no acababa de gustarle la palabra «emperador» y menos aún «Imperio». De todos modos, pensó finalmente que no se trataría más que de un cambio de título que aseguraría la continuidad de la República a los ojos del mundo.

Primero consultó con el pueblo, el cual se mostró favorable, considerando que el título de emperador sería el mejor medio de establecer la tranquilidad en la nación. Fue Josefina la única que se opuso a este plan.

—Lo atribuirán a orgullo y ambición —comentó fríamente.

Josefina, no obstante, no tenía en cuenta la Historia, sino el temor de que su marido pidiera el divorcio al no haberle dado ningún hijo. Napoleón, por su parte, ya había pensado en tal divorcio en 1804, a fin de poder volver a casarse y tratar de tener descendencia, pero amaba a Josefina y no se atrevía a dar el paso.

En las Asambleas, la idea de un Napoleón emperador fue cuajando de día en día, sólo con la oposición de Carnot. Napoleón titubeaba, hasta que por fin llegó a una decisión: Francia ansiaba la paz, la tranquilidad, y esto sólo podía obtenerlo mediante la seguridad de un rey hereditario.

La coronación

Una vez aceptada la idea del imperio era preciso pensar en la ceremonia de la coronación, la consagración de Napoleón Bonaparte, el corso, como emperador de los franceses.

Fue el domingo, 2 de diciembre de 1804 cuando tuvo lugar la coronación en Nôtre Dame. La ceremonia se inició con una serie de letanías, y acto seguido, el Papa ungió a Napoleón y a Josefina. Se ofició la misa y se impartió la comunión que Napoleón no quiso recibir. El Papa dio su bendición y partió a la sacristía. Fue el propio Napoleón quien se ciñó la corona en la cabeza*. Después, pronunció su discurso:

«Juro mantener la igualdad de derechos y la libertad política y cívica. Juro mantener la integridad del territorio de la República. Juro respetar y obligar a que se respeten las leyes del concordato y la libertad de cultos... Juro gobernar en favor de los intereses, la felicidad y la gloria del pueblo francés.»

A continuación, un heraldo lanzó su pregón:

«¡Napoleón, emperador de los franceses, el más glorioso y augusto, queda proclamado, consagrado y entronizado!»

La ceremonia había concluido y Napoleón y su esposa regresaron a las Tullerías.

Poco antes (a comienzos de 1804) Napoleón había ordenado el rapto en territorio extranjero (en el gran ducado de Baden) del duque de Enghien, joven noble, valiente y atractivo, y acusado de organizar uno de tantos complots contra el primer cónsul que fue ejecutado en Vincennes el 20 de marzo. Violando todos los principios de los derechos humanos, Napoleón se había manchado las manos con sangre perteneciente a la rancia realeza, puesto que el duque de Enghien era heredero de la Casa del Gran Condé que tantos días de gloria había dado antaño a Francia. ¿Se consolidaría así la línea antiborbónica y nostálgicamente republicana de Napoleón? El fracaso de la política de pacto se había consumado. La indignación de las cancillerías europeas sería por

---

* Según la tradición, arrancándosela de las manos del propio Pío VII, que iba a hacer lo propio. Al parecer, ante tanta indelicadeza, el Papa exclamó: «¡Comediante!»

el momento frenada por los intereses internacionales, pero desde el flagrante asesinato, la tregua de Amiens había quedado implícitamente rota.

Sea como fuere, Napoleón había llegado al Imperio porque cada atentado contra él había provocado la alarma de los que gozaban de los beneficios de su régimen y les había empujado a buscar una mayor firmeza, aumentando los poderes de Bonaparte. Napoleón llegó a la conclusión de que «sólo una monarquía tendría autoridad para afirmar la consagración republicana del Consulado». Intentó convencer a Luis XVIII para que renunciara al trono de Francia. La alarma de los republicanos ante la labor monarquizante de Bonaparte era viva en los tiempos precedentes a su coronación, pero percibieron en él la única garantía de continuidad del régimen.

«Yo he querido el imperio del mundo», dijo en sus Cien Días Napoleón. Su proyecto imperial haría de París la capital de Europa, integrando la autoridad de Roma: «París sería la capital del mundo y la residencia del Soberano Pontífice de más de cien millones de católicos, cuyo poder espiritual se acrecentaría con el apoyo de la onmipotencia temporal del emperador.» Su proyecto exigiría la ordenación de Europa bajo un solo emperador, «que tuviera por oficiales a los reyes, que distribuyera reinos a sus lugartenientes...» Por fin este plan se consumaría. Ahora sólo le faltaba fundar la Cuarta Dinastía: la de los Bonaparte que iba a sustituir a la de los Capetos, Valois o Borbones. La extensión del imperio exigiría la variedad de soberanía: su unidad requeriría la subordinación de ellas al Emperador en una especie de cadena que iría desde el territorio propiamente francés, la antigua república francesa, hasta Estados vasallos, familiares y aliados.

Teórica estructuración que como fichas de dominó terminaría hundiéndose porque desencadenaría la reacción enérgica de todos los intereses afectados: monarquías, Iglesia, clases dirigentes de los países sometidos por la fuerza, y el pueblo en general. El sueño de soberanía universal de

Napoleón se deshizo en Inglaterra, al no poder conquistarla o vencerla, en España, en Rusia y en la Europa Central y sin embargo, las viejas clases dirigentes que creyeron que con su desaparición habían apartado el peligro de contagio revolucionario, se hallaban equivocadas; quizá por el momento era cierto, pero las ideas sólo se habían escondido o soterrado y esperarían agazapadas su momento más favorable.

CAPÍTULO XVII
EL IMPERIO NAPOLEÓNICO

En los cinco años siguientes a su proclamación como emperador, Napoleón creó el imperio más extenso desde la época de Roma y sus invencibles legiones.

La situación que llevó a Francia al imperio ya empezó a tomar forma durante la infancia de Napoleón. Catalina la Grande, la zarina rusa, así como Federico el Grande de Prusia, seguían una política de conquistas. En 1772, aliados con Austria, habían conquistado y desmembrado Polonia, un reino mucho más antiguo que Prusia y Rusia, que desde tiempo casi inmemorial servía de frontera legítima para Francia. En 1795 desapareció Polonia del mapa, lo cual revistió suma importancia, ya que trasladaba el centro de gravedad político hacia el Oeste y convertía a Prusia y Rusia en enemigos potenciales de Francia.

Esto lo observó Napoleón cuando accedió al poder; el otro factor importante era la hostilidad de las demás cortes de Europa. Toda la nobleza odiaba a la Revolución, puesto que cundiendo sus ideas entre las masas podía dar al traste con los privilegios de que gozaban los nobles y los príncipes.

Por eso, en todas las cortes se conspiraba o se ayudaba más o menos encubiertamente a los conspiradores. En 1804, Czartoryski, príncipe polaco de nacimiento y a la sazón ministro del Exterior del zar Alejandro de Rusia, nieto de Catalina la Grande, soñaba con fundar un gran país paneslavo a fin de controlar todo el centro de Europa. Aquel mismo año, Czartoryski supo que Napoleón pensaba invadir Grecia y

Albania. Esto no era cierto, pero el polaco lo creyó y convenció de ello a Alejandro. Entonces le comunicaron sus sospechas a Inglaterra, que ya se hallaba en guerra contra Francia, para concertar una acción conjunta. Pitt, de nuevo en el poder, se reunió con el ministro ruso con la oferta de un millón y cuarto de libras por cada cien mil soldados que Rusia enviase al campo de batalla. Y de este modo se formó la tercera coalición contra Napoleón.

Los ejércitos del emperador francés estaban reunidos ya en el canal para combatir a Inglaterra. Luego, en menos de un mes cruzaron el Rhin y entraron en Baviera, donde en una campaña que duró sólo catorce días derrotaron por completo al ejército austríaco, ocupando la capital de Austria. Posteriormente, los franceses recorrieron casi seiscientos kilómetros hacia el Este, y con unas fuerzas que eran sólo la mitad de las de los aliados, Napoleón mató, hirió y capturó a veintisiete mil hombres y se apoderó de ciento ocho cañones, perdiendo por su parte sólo ocho mil soldados. Fue la victoria más aplastante de aquellos tiempos. Tras esto, se dice que Alejandro se sentó entre los cadáveres y lloró.

Napoleón había combatido tres veces contra Austria, derrotándola siempre desde 1796. Por el tratado de Presburgo, el emperador añadió Venecia a la República Cisalpina, bautizándola con el nombre de Reino de Italia; anexionó a Francia las dos posesiones austríacas del Adriático, Dalmacia e Istria. Entregó la Suavia a su aliado Würtemberg, y el Tirol a Baviera, también aliada suya. Luego, en 1806, agrupó dieciséis pequeños Estados alemanes en una entidad protegida por él: la Confederación del Rhin, que se convirtió en un Estado dentro del imperio francés. Esta Confederación tenía como finalidad ser una frontera entre Francia y Austria y Rusia.

Gracias a la victoria de Austerlitz, por la que había ocupado Viena, y por el tratado de Tilsit, Napoleón debilitó a

108

Prusia, arrebatándole el territorio situado entre el Oder y el Niemen, formando el Gran Ducado de Varsovia, unido al imperio francés.

Napoleón en España

Mientras tanto, más al Sur, dos reinas, cuyos esposos eran dos Borbones degenerados, conspiraban contra Napoleón. Estas reinas eran, una, María Carolina, reina de Nápoles, hermana de María Antonieta, que se unió a la coalición austro-rusa contra Francia, siendo la cuarta vez que aquella mujer rompía el compromiso de neutralidad. Napoleón le envió tropas francesas, resuelto a arrojarla del trono y ella huyó a Palermo con su regio marido. Rápidamente, Nápoles quedó convertido en un reino dentro del imperio francés.

La otra reina era María Luisa, esposa del demente Carlos IV de España, siendo ella la que gobernaba la nación española por medio de su amante y primer ministro Godoy, llamado el «Príncipe de la Paz». Cuando en 1806 Napoleón entró en Berlín, halló entre los documentos secretos del gobierno de Prusia una misiva de Godoy en la que se comprometía a atacar a Francia de acuerdo con Prusia, si bien la victoria del corso en Jena le había hecho desistir de tal propósito. Desde aquel instante, Napoleón juró poner término a la dinastía borbónica en España. La oportunidad le llegó en 1808, con motivo de un levantamiento popular contra Godoy, que obligó a la familia real a exiliarse a Francia. Napoleón aceptó la abdicación de Carlos IV, y un cuerpo de ejército al mando de Murat penetró en la península en marzo de 1808 con el pretexto de ayudar al general Junot. Ocupó el Escorial y Napoleón pensó que la ocupación total de España sería un simple paseo. Debido a la fuga de Carlos IV, fue nombrado rey de España su hijo Fernando, el séptimo con tal nombre en ocupar el trono. Un mes más tarde, Napoleón se trasladó al castillo de Marrac, cerca de Bayona e invitó allí a toda la familia real española.

Era el 15 de abril y todos acudieron con la esperanza de llegar a una solución equitativa y práctica. Poco después, el 2 de mayo, en Madrid estalló otro levantamiento, ahora contra el ejército francés de ocupación. Gritando: «¡Viva la independencia!», el pueblo se echó a la calle, rebelándose contra el extranjero invasor. Las calles fueron verdaderos campos de batalla, y Murat regó parte de España con la sangre de los patriotas y también con la de muchísimos franceses.

Napoleón vio esta insurrección como una conjura de los partidarios de Fernando VII, y ese pretexto le sirvió para despojar al joven de su corona y ofrecérsela de nuevo al viejo monarca Carlos IV. Entonces, Carlos se retiró a Compiège, en tanto Fernando quedaba internado en Valençay. De esta manera quedó vacante el trono de España, que Napoleón ofreció al rey de Nápoles, que era su hermano José.

Napoleón había vencido a los españoles el 2 de mayo, pero a pesar de instalar a José en el trono español, y a pesar de que éste, circunspecto como siempre, promulgó una Constitución como jamás la habían tenido los españoles, éstos no aceptaron nunca al monarca francés, como no habían aceptado a Jean-Jacques Rousseau ni el código napoleónico, ni nada procedente del exterior, imbuidos como estaban por la religión católica, y tal vez por una especie de sadomasoquismo que les hacía aceptar con gusto el mal trato dado de la clase gobernante y la altiva nobleza de España.

Empezó entonces la guerra llamada de la Independencia. Los nombres todavía tienen un gran eco en España: Bailén, Zaragoza, Gerona, el puente de Alcolea, las montañas del Bruch... Y muchos nombres de patriotas españoles, dispuestos a dar su vida por su patria: Daoíz y Velarde, Marín Díaz el Empecinado, Agustina de Aragón, el «Timbaler del Bruch», Palafox, Álvarez de Castro... y otros muchos anónimos que

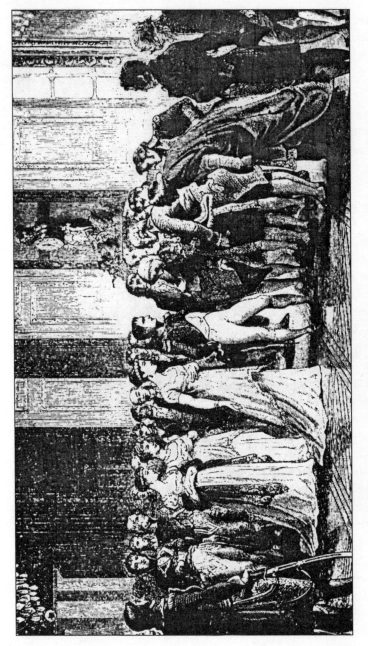

La corte napoleónica se asemejaba a las cortes de los reyes del Antiguo Régimen.

dieron su vida por España, por defender una causa antide-
mocrática, pero que en su visión decimonónica creían justa.
En España, donde sufrió tal vez el primer fracaso de su existencia, empezó a declinar la estrella de Napoleón.

CAPÍTULO XVIII

EL ENTORNO DEL EMPERADOR
DE LOS FRANCESES

José gobernó en España hasta 1813, año en que la invasión de Wellington desde Portugal convirtió todo el país en un campo de batalla. José gobernó según su credo liberal, y si bien España no le gustaba, sus esfuerzos dieron bastante fruto.

En 1812, las fuerzas leales a Fernando VII promulgaron también una Constitución en Cádiz (a la que ayudó Francisco de Miranda, promotor asimismo, aun antes que Bolívar, de la revolución por la independencia en Venezuela), Constitución que se basaba en la de José, con la prohibición de torturar y la supresión del feudalismo. Sólo existía una diferencia: si en la de José se proclamaba la libertad de cultos, en la de Cádiz se prohibía la práctica de cualquier religión aparte de la católica «que es y será siempre la religión del pueblo español». En esta cláusula se encerraba la diferencia existente entre Bonaparte y los españoles.

Mientras Nápoles era un triunfo y España una catástrofe, Holanda parecía que iba a ser otro éxito. Napoleón invitó a su hermano Luis a gobernarla. Luis padecía acidez de la sangre, por lo que tenía las manos paralíticas, debiendo escribir con la pluma atada a la muñeca con una cinta. Por eso y por su modestia no se decidía a aceptar el trono de Holanda. Al fin, llegó a La Haya, a la sazón capital de aquella nación, el 23 de junio de 1806. Pero el reinado de Luis no convenció a Napoleón, quien le acusó de debilidad con las demandas de los holandeses «en detrimento de los intereses de Francia».

Jerónimo

Este hermano de Napoleón era muy diferente a Luis e incluso a Luciano. Alegre, atractivo, mimado siempre, con gran seguridad en sí mismo aunque no excesivamente inteligente, desertó de su grado de alférez de Marina cuando su buque llegó a las costas americanas, y se casó con Elizabeth Patterson, de origen irlandés, que residía en Baltimore. Napoleón, sin embargo, se negó a admitir la validez de tal matrimonio, alegando que Jerónimo era menor de edad, riñó al joven por abandonar su bandera y le exigió que se arrepintiese. Jerónimo obedeció a su hermano. Elizabeth tuvo un hijo de Jerónimo, pero éste, por imposición de su hermano, se casó con Catherine, hija del rey de Würtemberg, con lo que ascendió al trono recién creado en aquel país.

Jerónimo gobernó bajo los auspicios de dos ministros franceses: Simeón y Bougnot. Vacunó gratuitamente a treinta mil súbditos; liberalizó el comercio mediante una reducción a diez de los seiscientos noventa y dos artículos sujetos a arbitrios, y abolió los impuestos especiales sobre los judíos, que por primera vez gozaron de igualdad política y cívica. Fomentó las artes y nombró bibliotecario real (pese a no ser un gran lector), al joven Jacob von Grimm, autor de los famosísimos cuentos.

Si José era un monarca filósofo y Luis un rey consciente, Jerónimo gozaba con su papel de gobernante. Una de las pocas palabras alemanas que aprendió fue *lustig*, o sea, alegre. Su único defecto era la prodigalidad, que le obligaba a contraer deudas a cada instante, con gran enojo de Napoleón, quien le había asignado una pensión de cinco millones de francos.

Las hermanas de Napoleón

Las tres hermanas de Napoleón eran tan distintas como los hermanos entre sí. Paulina, la predilecta de Bonaparte, era suave, voluble, seductora. Carolina, la única de tez clara, era codiciosa, ambiciosa, orgullosa. Elisa, más masculina que las otras dos, carecía de atractivos, aunque era buena administradora y amaba el arte. Su esposo, Felipe Bacciochi, se consagró a tocar el violón tras abandonar el ejército. Napoleón le dio en 1805 el gobierno del principado de Lucca, con una población de ciento cincuenta mil habitantes.

Elisa aumentó la producción de la seda y como tenía orden de Napoleón de apoyar las mercaderías francesas, adquirió las últimas modas de París, que lucía ella misma. Fundó dos grandes bibliotecas, una academia de Medicina y el Instituto Elisa para las jovencitas de la nobleza. Luego, convirtió Lucca en un centro musical, encabezado por el genial violinista Paganini. Spontini, que fue gran amigo de Elisa, le dedicó su mejor ópera, *La Vestale*.

En 1806, Napoleón nombró a Elisa gran duquesa de Toscania, y ella se trasladó al palacio Pitti de Florencia, que amuebló por completo. Hoy día, este palacio es uno de los mejores museos de arte del mundo.

En conjunto, los países gobernados por la familia Bonaparte mejoraron en sus condiciones de vida, tanto en el aspecto político, como en el civil, así como en los caminos del arte y la cultura. Cierto que había algunas manchas en la pintura imperial. Por ejemplo, Napoleón a veces se dejaba arrastrar por su innata brusquedad, y Jerónimo derrochaba demasiado en amantes y chambelanes. Pero en conjunto, la administración era honrada y eficaz. Y en vida de Napoleón, influidos por sus códigos y sus ideas de libertad y fraternidad, consiguieron la independencia países como México, Colombia, Ecuador, Argentina, Perú y Chile. Y fue él quien, después de muerto, contribuyó a la formación de los Estados modernos de Italia y Alemania.

El arte militar de Napoleón

Napoleón es sin duda una de las más grandes figuras de la historia militar. Su forma de concebir la guerra supone un cambio radical con todo lo anterior. 1.º Un cambio de medios: frente al ejército mercenario, que lucha por dinero, propio de la Edad Moderna, Napoleón utiliza el ejército nacional, constituido por todos los ciudadanos, que luchan por el amor a su país. 2.º Un cambio en los fines. La guerra del siglo XVIII es de posición o de sitio. Bonaparte considera inútil mantener una posición y demasiado costoso tomar una plaza por asedio. El objetivo fundamental de la guerra, para él, consiste en destruir al ejército enemigo: conseguido esto se dominan ya todas las posiciones y se puede tomar posesión de cualquier plaza.

Los principios de la táctica napoleónica son los siguientes:

1. *Concentración de las fuerzas en un punto.* Considera que no se pueden atender en el frente a varios puntos a la vez.
2. *Rapidez de maniobra.* No solamente de la cantidad de las fuerzas depende la victoria, sino que, al igual que en la energía física, debe considerarse la velocidad. Todos los movimientos de tropas deben hacerse de noche, así se produce la sorpresa al amanecer y el enemigo queda desconcertado.
3. *División del ejército.* Divide el ejército en tres partes: el pasivo, cuya misión es la de resistir. El activo, cuya misión es la de atacar. Y el de reserva, que refuerza al activo o al pasivo cuando lo necesitan.

Además de los principios enumerados, las continuas victorias contra ejércitos muy superiores se deben a ciertas modificaciones en los grupos de combate. La visión de estratega genial del gran corso llega hasta el extremo de saber utilizar en cada circunstancia y en cada momento preciso al general colaborador más idóneo.

Napoleón, en el campo de batalla, recurre a dos maniobras tácticas que con ciertas modificaciones se repiten siempre: *la maniobra de líneas envolventes*, como en la batalla de Ulm, 1805, frente a los austríacos, en que el ejército se sitúa (el pasivo) en lugar de fácil defensa, y el activo se mueve rápidamente durante la noche, apareciendo detrás del enemigo y le corta sus líneas de aprovisionamiento; *y la maniobra de líneas interiores*, como en la batalla de Austerlitz, quizá su más glorioso triunfo, logrado el 2 de diciembre frente a los austro-rusos. Táctica consistente en dejarse envolver por el enemigo, teniendo una gran cantidad de hombres. De esta forma se puede pasar tropas al sector que se quiera concentrándolas en un número capaz de cortar en dos partes al ejército adversario. Austerlitz fue ganada el día del aniversario de su coronación como emperador. Napoleón lanzó una de sus encendidas arengas antes de iniciarse el combate: «Soldados, estoy contento por vosotros... Os bastará decir: "Yo estaba en la batalla de Austerlitz" para que os contesten: "Éste es un valiente."»

CAPÍTULO XIX
LAS AMANTES DE NAPOLEÓN

Napoleón Bonaparte, siendo emperador y primer cónsul, lo mismo que siendo solamente simple general, tuvo varias amantes, como corresponde a un buen francés... aunque fuese corso.

Su mejor amante, no obstante, fue su esposa Josefina, de la que siempre estuvo enamorado, a pesar de sus propios devaneos con otras mujeres y de las infidelidades comprobadas de aquélla.

Ninguna mujer ejerció sobre él la menor influencia, aunque hubo siete que fueron las que pueden y deben ser consideradas como sus amantes. Veamos cuáles fueron éstas.

En primer lugar, Paulina Fourés, la amante de Egipto; luego, dos actrices: mademoiselle George y la contralto de ópera, Giuseppina Grassini. También dos damas de la corte: madame Duchâtel y madame Dénuelle. Una joven de Lyon, llamada Emilie Pellapra, y una condesa polaca, María Walewska.

Joséphine Weimer, cuyo nombre teatral era mademoiselle George, apenas había cumplido los veinte años cuando Napoleón la vio por primera vez. Era alta y robusta, y tenía los ojos muy negros. Según Napoleón, fue la mejor actriz de París. Cuando la aplaudió en Clitemnestra, la invitó a Saint-Cloud. Acudió ella y se quedó toda la noche. Napoleón la llamaba Georgina. La víspera de su partida hacia Bolonia, la recibió en la biblioteca y le regaló cuarenta mil francos, que dejó caer en sus pechos. Según contó la actriz: *Napoleón se sentó en la alfombra, porque estaba de buen humor, y me obligó a correr detrás de él. Para que no le cogiese, se subió a la escalera de mano, y como ésta era ligera y tenía ruedecillas, la empujé por toda la librería. El reía y gritaba: «¡Te vas a hacer daño. Para o me enfadaré!»*

Cuando Napoleón sucumbió a la seducción de Marie-Antoinette Duchâtel, dama de servicio, con sus ojos oscuros y sus largas pestañas, sólo se le ocurrió inclinarse sobre su espalda en una reunión con cena fría, diciéndole: «No debería comer aceitunas de noche, no le sentarán bien.» Tras lo cual se dirigió a su vecina de mesa para espetarle: «Usted, madame Junot, ¿no come aceitunas? Hace muy bien en no imitar a madame Duchâtel, que es inimitable.»

Esta aventura de Napoleón con la Duchâtel enojó mucho a Josefina, que lloró amargamente. Incluso le envió a sus hijos para rogarle que la abandonase. Napoleón estaba bastante interesado en dicha joven, pero al final se avino a razones y acabó por pedirle a su esposa que le ayudase a terminar el asunto.

Sin embargo, de entre las mujeres que amó Napoleón, y que le amaron a él, destaca una con luz propia, María Walewska.

La condesa Walewska

Napoleón conoció a la condesa Walewska en Bronie, Polonia. Según Luciano Bonaparte, era una joven que parecía un ángel, y su alma era tan hermosa como su persona. La condesa estaba casada con el conde Walewska y de ninguna manera quería ser infiel a su esposo, ya bastante anciano. Y por eso, a pesar de haber llegado a amar ardientemente a Napoleón, se le resistió todo cuanto pudo. Sin embargo, el amor fue más fuerte que la lealtad conyugal, y un día en que Napoleón le dijo ardorosamente:

120

—He hecho revivir el nombre de tu patria. Mucho más haré todavía, pero también puedo destruirla como a este reloj que rompo ante tus ojos.

Y uniendo la acción a sus palabras, rompió su reloj. María Walewska le echó los brazos al cuello y le juró eterno amor. Se lo demostró, consintiendo en ser suya. Más adelante, le siguió fielmente a la isla de Elba, y después de los Cien Días, y de la derrota de Waterloo, le rogó que le permitiera acompañarle al destierro final de la isla de Santa Elena. Napoleón se opuso a ello, aunque en sus últimos días evocó a menudo la imagen de la hermosa polaca, tal vez la única mujer que le amó por sí mismo, ciegamente.

Finalmente, debemos referirnos a Madame de Staël, de nombre Germaine, la cual no era francesa sino suiza. Era una mujer dominante, partidaria de Alemania e Inglaterra, y estaba casada con un sueco. Su moral privada era tan tenue como la de Talleyrand. Madame de Staël entró en la existencia de Napoleón mediante una serie de cartas escritas durante la primera campaña de Italia, diciéndole entre otras cosas que era una pena que un genio se hubiese casado con una insignificante criolla...

Germaine, en tiempos de guerra, se aliaba con los enemigos de Francia, lo cual la exponía a ser arrestada por la policía napoleónica, pero Bonaparte acabó por no hacerle el menor caso. Fue Talleyrand quien efectuó el comentario más mordaz sobre esta dama:

«Es de esas personas a las que gustaría arrojar al agua todas las relaciones que sostiene con un amigo, sólo por el placer de sacarlas del agua otra vez.»

Estas fueron las mujeres que más influencia tuvieron en la vida de Napoleón Bonaparte.

Así, pues, en lo que se refiere a las pasiones del amor, Napoleón fue también desmesurado y desordenado. Se le conocen tres hijos seguros: el rey de Roma, habido en su segundo matrimonio; el conde Walewsky, hijo de María

Walewska, y el infeliz conde León, hijo de Eleanora Denuelle. Otros muchos le fueron atribuidos. Sin embargo, insistimos una vez más, parece que no fue un hombre que apreciara a las mujeres; más bien apreciaba el placer momentáneo que podían darle como «descanso del terrible guerrero». Aunque es seguro que tuvo un gran afecto por Josefina, en especial antes y en los primeros años de su matrimonio, como parece deducirse de su correspondencia publicada, la repudió con una frialdad terrible. En el caso de María Luisa su amor fue más una mezcla de necesidad política, de vanidad y sensualidad que un amor verdadero.

Napoleón construyó siempre su leyenda, incluso en las mujeres, mirando lo que diría la posteridad. La prueba más fehaciente de su falta de amor por María Luisa la dio a su regreso de la isla de Elba. Desde Lyon escribió una carta a su esposa, antes de irse a dormir, incitándola a que volviera a Francia y contándole su amor infinito y, sin embargo, pasó la noche acompañado de una tal madame de Pallepra y por la mañana escribió, al saltar de la cama, otra nueva carta a María Luisa del mismo ardiente tono, diciéndole que no podía vivir sin ella.

Hasta el último día de su vida, Napoleón tuvo una conducta amorosa totalmente egoísta y nada discriminatoria. Le obsesionó la necesidad momentánea y la continuidad de su dinastía. Y la necesidad momentánea, como todos los hermanos Bonaparte, era perentoria, ávida y egoísta, sin ninguna de las exquisiteces que dan la serenidad espiritual y el delicado arte de vivir sinceramente.

«Soy para todos como un roble sobresaliendo en el bosque —dijo a María Walewska—, pero para ti, María, sólo quiero ser una pequeña y humilde bellota.» Cuando se separaron María regaló al emperador un anillo con la siguiente inscripción: «Si dejas de amarme, no olvides que yo te amo». La bella y dulce condesa polaca, que demostró a Napoleón que podía engendrar, morirá en 1817, a los veintiocho años,

Ruptura de la paz de Amiens con Inglaterra.

marchita su hermosura de antaño, apagada aquella luz interior que había despertado quizá ternuras imprevistas, goces insospechados como nunca había experimentado, sueños humanos —sencillamente humanos— en la soterrada humanidad del Ogro, como sus más tenaces enemigos británicos disfrutaban en llamarle, nombre que literariamente había consagrado Chateaubriand, francés, pero antibonapartista convencido.

CAPÍTULO XX
CAMPAÑA CONTRA RUSIA

El 20 de octubre de 1805, el almirante Villeneuve, al mando de la flota francesa, salió de la bahía de Cádiz. Dicha flota estaba compuesta por buques franceses y españoles, en número de treinta y tres en total. Al día siguiente, entabló combate con Nelson, que mandaba veintisiete barcos. El mensaje de Nelson, tan conocido, a los suyos, fue: «Combatid al enemigo desde muy cerca.» Naturalmente, los enormes cañones franceses no servían de nada en esta clase de pelea. Fueron capturados diecisiete barcos franceses y uno explotó. La derrota de Trafalgar fue espantosa. Villeneuve, lleno de remordimientos, se suicidó poco después.

El zar Alejandro

Las relaciones de Napoleón con Alejandro, el joven zar de Rusia, fueron siempre, como se dice vulgarmente, de tira y afloja. Buenos amigos durante unos años, esta amistad fue disminuyendo por parte de Alejandro, influido por sus consejeros.

Después, en abril de 1809, tal como se había previsto, Austria declaró la guerra a Francia. Alejandro no cumplió sus anteriores promesas de ayudar a Francia en caso de conflicto armado contra Austria o Prusia, y Napoleón no comprendió tal actitud. Era también la época en que se sentía frustrado como padre. Josefina, en efecto, no había podido darle un hijo. Todavía amaba a su esposa, a pesar de sus extravagancias, pero en octubre de 1809 decidió que era preciso sacrificarse en aras de la patria y de la sucesión dinástica. La situación era, además, tan grave, que debía casarse nuevamente para mantener la paz. Y así, antes de regresar a Austria, ordenó cerrar la puerta que comunicaba su aposento con el de la emperatriz.

Fue el 30 de noviembre de 1809 cuando, en las Tullerías, Napoleón le comunicó a Josefina que acababa de solicitar la anulación de su matrimonio.

Josefina lloró, suplicó, se desmayó (tal vez con un desmayo muy femenino), mas todo en vano. El tribunal diocesano de París garantizó la anulación de su matrimonio por haber sido oficiado en ausencia del párraco y sin testigos, como era la verdad.

Y el 15 de diciembre del mismo año, tras trece de vida en común con el emperador de los franceses, Josefina salió de la vida de aquél. Se trasladó a Malmaison, donde vivió rodeada de una especie de corte propia, llevando una existencia lujosa y sin abandonar ninguna de sus extravagancias, tanto en el vestir como en sus costumbres.

Napoleón, acto seguido, empezó a buscar nueva esposa. Con el nuevo casamiento deseaba, aparte de conseguir el hijo ansiado, una seguridad para la paz de Francia. Y como el zar Alejandro demostraba haber entibiado su amistad hacia Napoleón, éste trató de concertar una alianza precisamente con su mayor enemiga: Austria. Por eso, el 6 de febrero de 1810 envió a Eugenio, el hijo de Josefina, a ver al embajador austríaco para pedir la mano de la hija del emperador Francisco, que a la sazón tenía dieciocho años. Esta hija se llamaba María Luisa.

María Luisa era rubia, de ojos azules algo oblicuos, tez sonrosada, manos y pies diminutos. Lo mismo que a Napoleón, le gustaba hacer el amor en medio de una oscuridad total. Era una joven sensual y muy nerviosa, difícil de conquistar.

En julio, tras el casamiento solemne efectuado en París, María Luisa quedó embarazada, y cuando se acercó el alumbramiento, Francia entera esperó, con angustia incluso, las salvas que anunciarían el nacimiento del heredero de la Corona: si se tiraban veintiuna salvas, era una niña; si disparaban cien, era un niño. El 20 de marzo de 1811, María Luisa tuvo los primeros dolores del parto. El médico asistente le dijo a Napoleón que el mismo sería difícil, a lo que el corso respondió que en caso de apuro, era preciso salvar antes la vida de la madre que la del hijo. Cuando María Luisa se enteró de estas palabras, su agradecimiento hacia su esposo no tuvo límites.

Napoleón por fin oyó los cien cañonazos y estalló de gozo. ¡Acababa de tener un hijo, un nuevo Napoleón! En realidad, acababa de nacer un heredero imperial de tristes presagios y peor fortuna. Al vástago de Napoleón se le otorgó el título de rey de Roma, pero a la Historia ha pasado con un nombre mucho más expresivo: «El aguilucho» (*L'Aiglon*), el hijo del águila imperial, que jamás llegaría a reinar.

La campaña contra Rusia

Mientras tanto, aunque Alejandro continuaba admirando íntimamente a Napoleón, sus nobles y cortesanos empezaron a infundirle la idea de que el Gran Ducado de Varsovia debía desaparecer, proclamándose él rey de Polonia. Al principio, Alejandro se resistió a tal idea, pero la nobleza rusa le acusó de ser un traidor a la patria por su amistad con Napoleón. Y Alejandro, débil e irresoluto, cedió lentamente. Así, propuso un tratado con Inglaterra y planeó un ataque contra Varsovia. Napoleón, al saberlo, envió a Davout con tropas francesas, logrando impedir tal proyecto. Sin embargo, Alejandro pidió una parte del Gran Ducado, con medio millón de habitantes. Napoleón se puso furioso con esta petición. Por otra parte, la elección era espantosa. Les había dado a los polacos una Constitución, además de asegurarles la independencia de su país. Y consideraba esencial mantener su palabra a fin de asegurar la paz en Europa. Él no deseaba luchar contra Rusia.

Pero ante los acontecimientos, que se precipitaron como un torrente desatado, Napoleón apenas tuvo otra elección: era preciso, ineludible, luchar contra Rusia.

El 24 de junio de 1812, en Kovno, Napoleón vio atravesar el río Niemen a los primeros regimientos del Gran Ejército, y por espacio de ocho días sus tropas marcharon a través de tres puentes de barcas. En total había medio millón de hombres, representantes de treinta naciones. Los franceses componían un tercio de este total.

Napoleón viajaba en un coche cubierto, de color verde, tirado por cuatro hermosos caballos. Pero al aproximarse a los rusos, cambió y viajó en su caballo negro, rodeado de su guardia personal.

Y empezó la lucha, aunque al principio fue como perseguir a un fantasma. Se iniciaron, en efecto, las marchas por una zona plana y polvorienta, cuyos pueblos eran aldeas de chozas con suelo de barro. El calor era espantoso, y los mosquitos atormentaban a los invasores. Por su parte, el ejército ruso, con sus ciento veinte mil hombres, se hallaba al mando de un general de ascendencia escocesa y reflejos lentos, llamado Barclay de Tolly. Napoleón esperaba entablar combate contra Barclay en Vilna, a ochenta kilómetros de la frontera rusa, mas éste había abandonado Vilna.

Entonces, Napoleón persiguió a Barclay hasta Vitebsk, donde tampoco le encontró. Su esperanza, pues, residía ahora en Smolenko, que en aquella época era una de las ciudades más importantes de Rusia. Pero de nuevo se encontró chasqueado, ya que los rusos habían quemado la ciudad. Esto ocurría el 17 de agosto.

Napoleón llevaba siete semanas de marcha, conquistando tierras desiertas. Y a medida que se adentraba en Rusia, observaba aquel vacío, aquel silencio. Todos los pueblos que hallaba al paso estaban quemados, calcinados, sin comida ni alimento alguno. No quedaba nada. Ni siquiera pájaros en el cielo.

A Napoleón no le quedaban más que tres elecciones: atacar la cabeza, el pie, o el corazón de Rusia. La cabeza era San Petersburgo, donde se hallaba el zar. Sin embargo, se hallaba muy al Norte, demasiado lejos. El pie era Kiev, gran ciudad del Sur. Y el corazón de Rusia era Moscú, la antigua capital, la ciudad mejor situada desde el punto de vista táctico y estratégico. De todos modos, para llegar a Moscú era necesario recorrer un camino muy largo y azaroso. Unos doce días de marcha desde Smolensko. Napoleón tardó una semana en decidir su acción, y al final dio orden de dirigirse a Moscú.

Dejó atrás muchas unidades para mantener las comunicaciones y siguió marchando por tierras vacías. Debido a la falta de forraje, murieron muchos caballos, pero Napoleón no sentía miedo alguno.

Mientras tanto, Alejandro, aconsejado por sus generales, decidió defender el suelo patrio, y para ello empezó por sustituir a Barclay por el general Kutuzov, un noble astuto, tuerto a causa de una herida recibida en una batalla contra los turcos, el cual, como debido a su gordura no podía montar a caballo, dirigía las operaciones desde su carruaje.

Napoleón llegó a Borodino, donde le aguardaba el ejército ruso, el 6 de septiembre. El emperador francés se encontraba enfermo de disuria, que consiste en una micción difícil, dolorosa e incompleta de la orina. Además, sufría un resfriado con fiebre alta.

Las líneas enemigas tenían una extensión de cuatro kilómetros, desde Borodino hasta las tierras altas donde estaba enclavada la ciudad de Utitza, junto al antiguo camino de Smolensko a Moscú. En el lado derecho, Barclay defendía el paso con setenta y cinco mil hombres.

Napoleón decidió utilizar un plan muy simple. Eugenio, su hijastro, atacaría Borodino, como si el mayor ataque francés se realizase contra el flanco derecho de los rusos. Pero en realidad, el principal objetivo sería el centro y el flanco izquierdo. Devout atacaría al príncipe Begration, en tanto la caballería del príncipe Poniatowski trataría de dar la vuelta por el antiguo camino, atacando por detrás a Begration.

El combate fue terrible. Los rusos preferían morir antes que retirarse de sus posiciones. A las 10 de la mañana, todo se desarrollaba contrariamente a los planes de Napoleón. Eugenio sí había conquistado Borodino, pero las cosas no le iban bien a Poniatowski, encontrando una dura resistencia entre los matorrales de las tierras altas. Finalmente, los rusos empezaron a retirarse hacia Moscú al anochecer. Las pérdidas rusas habían sido de cuarenta y cuatro mil hombres, y las francesas de treinta y tres mil. El avance francés continuó. Por fin, el 13 de septiembre, unos tres meses después de penetrar en Rusia, las tropas francesas llegaron a las afueras de Moscú.

Desde una altura, Napoleón contempló la gran ciudad. El sargento Bourgnogne, de la vieja guardia, escribió:

> *El sol se reflejaba en todas las cúpulas, torres y palacios dorados. Todas las ciudades que había visto me habían producido una impresión vulgar. Esto era distinto de París, Berlín, Varsovia, Viena o Madrid. El efecto me pareció, igual que a todos, mágico. Ante esta visión olvidamos las penalidades, los peligros, las fatigas, las privaciones; el placer de entrar en Moscú absorbía todas las mentes.*

Para Napoleón había llegado la hora decisiva.

El tema de Napoleón y Rusia no puede ser tratado y casi ni tan sólo esbozado en una biografía de las dimensiones presentes. Como mínimo se requeriría toda la extensión del libro para poder plantear los aspectos más importantes. La bibliografía que, por ejemplo, se menciona en obras generales, como la *Historia del mundo en la Edad* Moderna, de la Universidad de Cambridge, alcanza límites increíbles.

Si en el *Quijote* hay una frase tajante: «Con la Iglesia hemos topado, Sancho», monarcas y conquistadores, desde Carlos XII de Suecia hasta Hitler, podrían exclamar: «¡Con Rusia hemos topado señores, y sobre todo, con el general Invierno!», y el Gran Corso, con su campaña de Rusia, iba a escribir el capítulo más trágico de su brillante carrera. Si queremos leer una obra excelente sobre la odisea napoleónica, pero desde la oposición, nos hemos de sumergir en la magna obra del pacifista ruso Lev Nikolaievixch Tolstoi, *Guerra y Paz*. Pocas coyunturas históricas han gozado de un portavoz de tal calibre humano y literario. Aunque es necesario señalar que el genial narrador de *Ana Karenina*, que supo revivir magistralmente una época ya fenecida y esculpir figuras de hombres y mujeres, infundiéndoles el mágico soplo de la vida, no fue objetivo, ni mucho menos imparcial, al referirse a Napoleón. No pudo perdonarle nunca haber penetrado en Rusia y haber llegado hasta el mismísimo Kremlin, cosa que ni las tropas del III Reich podrían hacer lo propio. Es muy probable que si Napoleón se hubiera detenido en Smolensk, esperando una nueva primavera y otro verano, la historia del mundo habría cambiado de rumbo. Pero decidió seguir avanzando, penetrando en el inacabable mundo ruso, obsesionado por la idea de vengarse de las que consideraba deslealtades de Alejandro I, el zar de «todas las Rusias», que en 1807, en Tilsit, se había avenido con el Gran Corso al reparto del mundo. De la entrevista de entonces, incluso Napoleón confió en aquel déspota oriental ilustrado y tras la firma de la paz y según propia confesión del mandatario francés, «marché con la certidumbre de haberme hecho un amigo». Pero la «manzana de la discordia de Polonia» sería demasiado para que el César ruso no intentara una vez más devorarla, como ya había hecho otras veces.

CAPÍTULO XXI
LA GRAN DERROTA

Napoleón entró en Moscú el 15 de septiembre de 1812. Estaba rodeado también de vacío y silencio. Se albergó en un palacio de estilo italiano situado dentro del Kremlin. Había recibido un cuadro con el retrato de su hijo, pintado por Gérard, y lo colocó al momento sobre la repisa de la chimenea.

Por la noche, hubo varios incendios en Moscú. No se hallaron mangueras ni bombas, por lo que hubo que apagarlos con cubos de agua. Al día siguiente, hubo más incendios en otras mansiones. Lo cierto era que Rostopchin había ordenado incendiar Moscú si entraban en la ciudad los franceses. Los incendios no tardaron en propagarse hasta el mismo Kremlin.

Napoleón no quería abandonar la ciudad, pero como las municiones se hallaban precisamente en la gran fortaleza que era el Kremlin, el peligro era inminente, por lo que al fin ordenó la retirada. Un soldado recordó que *caminábamos sobre una tierra llameante, bajo un cielo llameante, entre muros llameantes.*

Los franceses fueron hacia el río Moscova, y al palacio Petrivsky, nueve kilómetros al Norte. Desde allí, Napoleón contempló el incendio, que destruyó ocho mil quinientas casas en conjunto.

El día 18 Napoleón regresó al Kremlin, que todavía estaba intacto. La ciudad estaba ennegrecida, resultaba deprimente, hosca, hostil. Sin embargo, todavía quedaba comida para la tropa y forraje para los animales. Napoleón deseaba entablar conversaciones con el zar Alejandro, mas como éste se hallaba en San Petersburgo, su respuesta llegaría al cabo de un par de semanas. Pero pasaron éstas sin llegar la respuesta. Era obvio, pues, que Alejandro no deseaba la paz. Y Napoleón decidió invernar en Moscú. Incluso hizo una lista de los actores de la Comédie Française que se trasladarían a Moscú. Sí, invernar en Moscú era altamente aconsejable, pues Napoleón no ignoraba los peligros de una marcha por las tierras heladas de Rusia.

Sin embargo, la impaciencia innata de Napoleón dio al traste con su prudencia. Pensó, pues, ir directamente a San Petersburgo a negociar con el zar Alejandro. Pero el Estado Mayor, compuesto por Murat, Davout y Berthier, le hizo ver lo peligroso de tal empresa. Entonces, Napoleón propuso una retirada hacia el Oeste, regresando por Smolensko, para invernar en Lituania y Polonia.

El plan fue aceptado por los generales. Moscú, ciudad incendiada, les era demasiado hostil para ser felices en ella.

Y de esta manera se inició una de las marchas de retirada más tristes, más desoladoras, más mortales, que recuerda la Historia. El ejército francés, vencedor en realidad contra los rusos, salió completamente derrotado al luchar contra el invierno ruso, convertido en el peor y más sagaz de todos los generales. A las 2 de la tarde del 19 de octubre, las primeras unidades del Gran Ejército empezaron a abandonar Moscú. Napoleón salió de allí el mismo día. Estaba tranquilo, pensando que todo saldría de acuerdo con sus planes. Pero su humor fue cambiando a medida que se sucedían casi sin interrupción las intensas nevadas, cubriéndolo todo con un manto blanco de límites inacabables.

Después de diversas batallas contra tropas rusas, en las que los franceses jamás salieron bien librados, el 5 de diciembre Napoleón abandonó Smolensko, adonde por fin habían conseguido llegar, en trineo. El peor de los fríos lo pasaron en el trayecto entre Vilna y Kovno, cuando el termómetro marcó 25 °C bajo cero.

La batalla de Austerlitz permitió a Napoleón someter al imperio austríaco.

Al día siguiente entraron en el Gran Ducado de Varsovia, después de cruzar el Niemen, y prosiguieron viaje hacia París.

De esta manera regresó Napoleón de Rusia. Hortensia, al enterarse de su vuelta, corrió a las Tullerías, preguntándole a su padrastro si la retirada de Rusia había sido tan mala como aseguraba *Le Moniteur.*

—Todo lo dicho es verdad —respondió tristemente Napoleón—. Sin embargo, no hemos sido nosotros los únicos que hemos tenido pérdidas humanas. Nuestros enemigos también las han sufrido. Lo cual —añadió—, no es ningún consuelo para mí.

Los enemigos de Napoleón, incluso su hermano Luciano, pensaron que aquella derrota, preludio del final de la estrella de Napoleón, era una maldición de Dios ante sus «iniquidades».

CAPÍTULO XXII
ENTRA EN ESCENA METTERNICH

En 1812, Napoleón había ya empezado a engordar y era ya un hombre obeso, con un vientre prominente. Y este cambio físico influyó en su carácter, como siempre suele acontecer. No obstante, la grasa no disminuyó su energía. Se ocupaba de todo cuanto ocurría dentro de sus casi ilimitadas fronteras. También puso en orden todos sus asuntos, y entre ellos, y no el menos importante era fortalecer sus lazos con Austria, por lo que se dedicó con empeño a conseguirlo.

No había visto a Francisco, emperador de Austria, desde mayo de 1812, en Dresde. Francisco era un personaje frío, serio y más bien tímido, cuyas aficiones eran la jardinería y la fabricación del lacre para sus cartas. Napoleón, casado ahora con su hija, y habiéndole dado un nieto, creyó llegado el momento de lograr la alianza efectiva y eficaz con Austria.

Sin embargo, Francisco estaba casado con María Ludovica en segundas nupcias, y ésta procedía de una zona italiana ocupada por Napoleón, tras arrebatarla a Austria. Y como María Ludovica odiaba a Napoleón y quería que Austria recuperase Módena, en diciembre de 1812 se hizo miembro de la sociedad antinapoleónica Los amigos de la Virtud, con residencia en Viena.

Napoleón, para atraerse la buena voluntad de Francisco, le envió diversos regalos valiosos, y también con este objeto, trató la firma de un nuevo concordato con Pío VII, pero el Papa, dos meses más tarde, influido por el cardenal Pacca revocó el concordato. Entonces, a Napoleón se le ocurrió una idea que juzgó feliz. Cuando él saliese a alguna campaña bélica, dejaría a María Luisa como regente de Francia. Convocó un consejo y éste aprobó la idea. María Luisa juró su nuevo cargo y Napoleón se apresuró a comunicárselo a su suegro, junto con detalles domésticos acerca del futuro Napoleón II.

Hacia finales de abril de 1813, Napoleón se reunió con sus tropas en la llanura de Leipzig, y el 2 de mayo, con ciento diez mil soldados, atacó cerca de Lützen a un ejército ruso-prusiano de setenta y tres mil hombres. Aquel día se expuso mucho, cargando espada en mano contra Blütcher, a la cabeza de dieciséis batallones de la guardia joven. En Lützen logró una gran victoria y acosó al enemigo hasta el otro lado del río Elba, consiguiendo otra victoria aún mayor en Bautzen, que obligó al ejército contrario a retirarse a la otra orilla del Oder. De esta manera, libró a Alemania del invasor.

Napoleón esperaba que Francisco le ayudaría enviando tropas contra los rusos y los prusianos, pero el emperador austríaco no hizo tal cosa. Alegó haber perdido muchos hombres en la retirada de Moscú y que estaba reuniendo un nuevo ejército, y Napoleón propuso un encuentro personal con Francisco, que éste no aceptó, delegando su representación en su ministro del Exterior, conde Clemens Metternich.

Los Metternich pertenecían a la nobleza de Coblenza, por lo que eran alemanes y no austríacos. En 1794 Francia había ocupado la orilla izquierda del Rhin, apoderándose de extensas posesiones de la familia Metternich, y liberado a sus seis mil siervos campesinos. Metternich, por lo tanto, se consideraba un enemigo personal de Napoleón, y como tal ha pasado a la Historia.

Cuando Bonaparte vio que Metternich era el representante de Francisco, comprendió que sus atenciones con éste no habían servido de nada.

En la entrevista, Metternich propuso sus condiciones con gran claridad y extremada frialdad. Propuso un armisticio entre Francia y Prusia. Napoleón lo aceptó, pensando que así tendría tiempo de reforzar su caballería. Trató, pues, de negociar la paz con Prusia y Rusia, pero Metternich se le había adelantado, obteniendo promesas de Federico Guillermo y de Alejandro de realizar cualquier comunicación por su intermedio. Entonces, Metternich le manifestó a Napoleón que no podría llevar a cabo su papel de mediador si no gozaba de una independencia absoluta. Y le propuso que la alianza no fuese rota, sino suspendida. A Napoleón no le gustó la sutileza.

Austria ya era neutral, y Napoleón deseaba que siguiese siéndolo. Para ello le ofreció a Metternich la Iliria a cambio de mantener la neutralidad, mas no obtuvo respuesto a tal ofrecimiento. Al final, se decidió una fecha de encuentro: el 26 de junio. Napoleón quiso que se celebrase en Dresde, la más bella de las ciudades sajonas.

Los dos hombres se pasearon por la galería del palacio de Marcolini, Napoleón dueño una vez más del imperio, Metternich, como mediador entre el emperador francés y sus enemigos. Dijo Metternich que lo que Austria quería era establecer un equilibrio de poderes que garantizase la paz entre un grupo de Estados independientes.

Napoleón le pidió que se expresase con mayor claridad, y añadió que ya había ofrecido la Iliria para conseguir la neutralidad austríaca. ¿Qué más deseaba ahora Francisco?

Metternich respondió que lo de Iliria no había convencido al emperador de Austria, y que ahora los austríacos se veían obligados a combatir con Napoleón o contra él, sin término medio.

—¿Qué más pide Francisco? —quiso saber Napoleón.

Ante esta pregunta tan directa, Metternich descubrió su juego. Además de Iliria, Austria debía obtener el norte de Italia. Era preciso darle Polonia a Rusia y la margen izquierda de Elba a Prusia, además de disolver la Confederación del Rhin. Napoleón no daba crédito a tales peticiones.

—¡Esto es imposible! ¡Esto no es la paz sino la guerra! —exclamó iracundo.

Luego, discutió los términos de la paz con más tranquilidad. Sí, entregaría Iliria a Austria como recompensa por la ayuda prestada en la campaña de Rusia, y también algún otro territorio. A Rusia le cedería parte de Polonia, pero no más.

Metternich halló inaceptables estas propuestas. Finalmente se llegó al acuerdo de celebrar una conferencia cuatripartita, pero al día siguiente, Austria firmó con Rusia y Prusia el tratado de Reichenbach. Las tres potencias le formularon a Napoleón las mismas condiciones expuestas por Metternich, advirtiéndole que el 10 de julio, prorrogable hasta el 10 de agosto, tenía que resolver el asunto, de lo contrario Austria declararía la guerra a Francia.

Como a pesar de varias acciones conciliatorias adoptadas por Napoleón, no se llegó a ningún acuerdo concreto, Austria declaró la guerra a Francia el 12 de agosto de 1813.

«¡Al fin sabemos dónde estamos!», proclamó Napoleón al conocer la declaración de guerra.

A la sazón, los franceses tenían ante ellos tres ejércitos separados: doscientos mil austríacos mandados por el general Schwarzenberg, en Bohemia; los cien mil ruso-prusianos a las órdenes de Blücher, en Silesia, y cien mil sueco-rusos al mando de Bernadotte, príncipe real de Suecia, en Berlín.

Napoleón contaba con trescientos mil hombres, y decidió atacar. Envió a Oudinot contra Bernadotte, y él abandonó Dresde, donde estaba, el 15 de agosto, en dirección a Silesia, de donde obligó a retirarse a Blücher, cruzando el río Katzbach. De pronto, tuvo noticias de que Schwarzenberg bajaba por los montes de Bohemia con un poderoso ejército. Entonces, dejó a MacDonald al frente de las tropas que combatían a Blücher, y regresó a Dresde, donde combatió dos días seguidos. Allí se aprovechó de sus conocimientos de aquel territorio, estudiado personalmente con ocasión de su estancia allí. La de Dresde fue una victoria importante en aquella guerra. Pero la suerte empezaba a serle adversa. Oudinot sufrió una derrota en Gros-Beeren; MacDonald otra en Katzbach, y Vandamme la tercera en Kulm.

En vista de esto, Napoleón decidió marchar sobre Berlín a principios de octubre, conquistar la ciudad, entrar en Polonia y poder así interceptar a los rusos. Sus generales, no obstante, se opusieron a este plan. Por esto, decidió finalmente dar la batalla en Leipzig, adonde llegó el 14 de octubre. Instaló el cuartel general al sudeste de la ciudad y el 16 empezó la batalla. Dos mil cañones atronaron el espacio en el mayor duelo artillero visto hasta entonces. Sin embargo, la vieja guardia no logró romper las líneas austríacas.

Blücher, mientras tanto, se aproximaba por el Norte, antes de lo calculado por Napoleón, y atacó el ala izquierda de los franceses, mandada por Ney y Marmont. El general Poniatowski ganó allí su bastón de mariscal; el general De Latour-Maubourg perdió una pierna y cuando su ordenanza le mostró su compasión, el general replicó:

—De ahora en adelante sólo tendrás que limpiar una bota.

En aquella batalla, Napoleón perdió veintiséis mil hombres entre muertos y heridos.

Unos días más tarde, Napoleón había sido derrotado, y su ejército se replegaba, aunque ordenadamente, fuera ya de Alemania. La batalla estaba perdida, pero no se debía perder el imperio. Y no obstante, esto fue lo que sucedió. Las naciones amparadas por Francia empezaron a querer ser independientes, y luego todos los Estados de la confederación le volvieron la espalda. Amsterdam se levantó en armas, y muy pronto todo el país estuvo en manos del príncipe de Orange. Fouché tuvo que dejarse arrebatar la Iliria; Austria ocupó la zona italiana situada al norte del río Adigio. Después de la derrota de Leipzig, todas las naciones dependientes de Francia abandonaron a su suerte a Napoleón, y el año empezado bajo tan buenos auspicios tuvo un final muy doloroso.

CAPÍTULO XXIII
GUERRA CONTRA NAPOLEÓN

Napoleón llegó a París el 10 de diciembre, y pidió a la Legislatura trescientos mil hombres. Pero esto le planteó diversos problemas, como los que tuvo de improviso con sus hermanos. Jerónimo había rendido la Westfalia sin lucha, y adquirió un castillo fabuloso en Francia. Napoleón ordenó a Cambacères que anulase la compra.

Luis, cuando Napoleón le hizo abandonar el trono en 1810, escribió al emperador Francisco en demanda de ayuda para restaurar su reinado.

José era el tercer rey en paro. Cuando Napoleón le pidió a José que restaurase la dinastía borbónica en España, éste denegó tal petición. «Sólo yo o un príncipe de nuestra sangre puede hacer feliz a España», fueron sus palabras.

Y José pensó pedirle a su cuñado, el príncipe Bernadotte, de Suecia, que estaba en guerra contra Francia, que interviniese para que en Europa se respetaran sus derechos al trono español. Napoleón logró disuadirlo de tal idea. Finalmente, José se avino a ser nombrado teniente general de Francia, y ser responsable de la defensa de París.

Pero el mayor de los problemas fue que los ejércitos aliados decidieron cruzar el Rhin, y dirigirse contra Francia, con la pretensión de invadirla. El ejército invasor proclamaba constantemente que su guerra no estaba dirigida contra Francia ni contra los franceses, sino únicamente contra Napoleón.

El emperador respondió haciendo interpretar por todas las bandas locales *La Marsellesa*, olvidada durante muchos años, a fin de impedir que resurgieran odios antiguos. Pero al cabo se vio obligado a salir a combatir nuevamente.

Instaló el cuartel general en Châlons, a orillas del Marne, al Este de Champagne. Contaba con cincuenta mil hombres, contra los doscientos veinte mil de los aliados. La primera batalla se dio en Brienne. Blücher, al mando de sus soldados, ocupó el castillo que dominaba la ciudad, y Napoleón lo atacó el 29 de enero, obligando al enemigo a retirarse de su posición. En La Rothière, cerca de Brienne, a Blücher se le unió el ejército de Schwarzenberg, y la lucha se prolongó durante ocho horas en medio de una horrorosa tormenta de nieve. Cada bando perdió seis mil soldados, pero si bien los aliados podían soportar tal pérdida, a Napoleón no le ocurría igual. Y en la noche del 8 al 9 de febrero la situación se tornó angustiosa.

Por otra parte, en París cundía el desaliento. María Luisa estaba enferma. Napoleón, a la vista de tan adversas circunstancias le escribió a José para que enviase a María Luisa junto con el rey de Roma fuera de París.

Por fin, autorizó a Caulaincourt, que estaba en contacto con el ejército aliado, a que firmase una paz honorable. Pero antes de poder enviar la autorización, llegó Marmont con buenas noticias. Blücher y Schwarzenberg se habían separado, pensando que Napoleón se había retirado a París. Separados los dos ejércitos, resultaría más fácil vencerlos. Dos días después, los franceses se arrojaron contra los hombres de Blücher y los derrotaron, casi aniquilándolos por completo. Poco después, consiguió otra victoria en Montmirail. El 14 ganó la batalla de Vauchamps. Entonces, centró su atención en los austríacos, a los que venció el día 18 en Montereau. En nueve días había librado seis batallas.

Como resultado de las cuatro victorias obtenidas, los aliados solicitaron un armisticio, en tanto el emperador regresaba a Troyes el 24 de febrero. Luego, le pidió a María Luisa que inclinase el ánimo de su padre hacia Francia y no hacia los rusos y los ingleses. Pero Francisco no escuchó a su hija.

144

Y prestó oídos a Inglaterra que insistió en la independencia de Bélgica. Napoleón se enfrentó, pues, con un nuevo conflicto. Si renunciaba a Bélgica firmaría la paz y seguiría en el trono de Francia, pero lo cierto era que Bélgica formaba parte del territorio francés desde 1795, y por consiguiente era como una tierra sagrada, lo mismo que lo eran la Dordoña y Turena. No podía acceder, pues, a los deseos de los aliados.

Y éstos reanudaron su avance. Blücher lo hizo por el valle del Marne, hasta que el 28 de febrero atravesó el Sena, a sesenta kilómetros de París. Napoleón se aprestó a defender la capital. Y aunque sólo contaba con treinta y cinco mil soldados contra los ochenta y cuatro mil de su enemigo, se arrojó sobre Blücher y le obligó a retirarse al Aisne. Hubo batallas sangrientas en Craonne y Laon, aunque indecisas respecto al resultado.

Durante aquellas semanas, todos los cuidados de Francia recayeron sobre las espaldas de Napoleón. Todo dependía de él. Y de pronto se sintió cansado, terriblemente cansado de todo y de todos, con la excepción tal vez de María Luisa y de su hijo, el rey de Roma, el Aguilucho. Fue entonces cuando decidió que no le importaba ya la muerte, y por eso le fue indiferente exponerse como lo hizo en una batalla contra los austríacos en Arcis-sur-Aube, batalla que duró dos días enteros. Una bomba mató a su caballo, pero él salió indemne y montó en otro brioso corcel, continuando su paseo por las líneas.

Los sucesos en París

Mientras tanto, en la capital de Francia los parisinos llamaban a Napoleón «Don Quijote de la Mancha», y se burlaban de él, especialmente los pertenecientes a la antigua nobleza, a la que Napoleón había devuelto sus propiedades y sus bienes. Mas pese a esto, o tal vez a causa de esto, no querían a Napoleón, sino que incluso solicitaban su muerte.

145

Y José, enterado de estos sentimientos, urgió a su hermano que firmase la paz a cualquier precio.

El 28 de marzo, María Luisa presidió un consejo de Estado. Los aliados se aproximaban a París, ciudad muy mal defendida. En dicho consejo decidieron que María Luisa y su hijito marcharían al Loire. José y otros miembros del gobierno se quedarían para defender París.

Napoleón, por su parte, había entregado la defensa de la capital a dos de sus más valientes mariscales: Marmont y Mortier. El 28 de marzo, o sea el mismo día del consejo de Estado, Napoleón se hallaba aún a doscientos diez kilómetros de París. Contaba con cortar las vías de comunicación del enemigo, y si París resistía sólo tres semanas, todo estaría salvado. Por lo tanto, su regreso a la capital era urgente.

Pero Marmont y Mortier fueron derrotados en la Fére-Champenoise. Y los aliados marcharon sin obstáculos hacia París.

Ahora Napoleón se enfrentaba a otro dilema: ¿había de seguir defendiendo la capital o abandonarla al enemigo? Pero si tal era el caso, el imperio estaba terminado. Era preferible, por lo tanto, morir enterrado bajo las ruinas de la capital. Y el día 29, Napoléon, con su menguado ejército, se puso en marcha hacia allí.

Poco antes de llegar, se enteró de que su hermano José había huido. La capitulación ya se había firmado. Napoleón, al pie mismo de los muros de París, comprendió que su estrella se acababa de extinguir.

Los aliados, en efecto, habían entrado en París, y fue Talleyrand, el veleidoso Talleyrand, el ambicioso, el astuto y maquiavélico Talleyrand, quien se presentó como portavoz de Napoleón.

Alejandro, en su calidad de jefe supremo de los aliados, dijo que había tres posibilidades: firmar la paz con Napoleón, nombrar regente a María Luisa hasta la mayoría de edad del rey de Roma, o restaurar a los Borbones.

Un breve descanso en las campañas de Persia.

Talleyrand respondió firmemente que Napoleón debía desaparecer, y sólo quedaba, por lo tanto, la tercera posibilidad: el regreso de los Borbones. En realidad, la entronización de Luis XVIII.

Alejandro dudó, pues sólo había hallado horror entre el pueblo hacia los Borbones. Sin embargo, Talleyrand se mostró terco. Y Alejandro firmó el decreto, declarando depuesto a Napoleón, e invitando a ocupar el trono a un caballero viejo y decrépito que residía en Hatfield, Luis Estanislao Javier de Borbón.

CAPÍTULO XXIV
NAPOLEÓN ABDICA

Naturalmente, Napoleón no pudo luchar contra la fuerza de los aliados, de Talleyrand ni de los acontecimientos.

Se retiró a Fontainebleau, y allí declaró:

—De acuerdo, caballeros, abdicaré si tal es vuestro deseo. Quise hacer feliz a Francia y a mis súbditos y no lo he logrado. No deseo aumentar sus padecimientos.

Abdicó al día siguiente escribiendo:

> *Puesto que las potencias aliadas han proclamado que el emperador es el único obstáculo para el restablecimiento de la paz en Europa, el emperador Napoleón, fiel a su juramento, establece que está dispuesto a renunciar al trono, a dejar Francia y a quitarse la vida por el bien de la nación, que es inseparable de los derechos de su hijo, de la regencia de la emperatriz y del mantenimiento de las leyes del imperio.*

Leyó este documento a los mariscales Ney, MacDonald y Caulaincourt, y les pidió que lo entregasen a los monarcas aliados.

Marmont fue el primero en pasarse al campo de los vencedores, abandonando la causa napoleónica, lo mismo que ya anteriormente hiciera Murat, el ex rey de Nápoles. Y fue entonces cuando el león de las batallas, el vencedor de Italia, de Egipto, de toda Europa, se desesperó y estuvo a punto de renunciar a su propia abdicación, y volver a empuñar las armas para defender su trono. Sabía que Europa corría fatalmente a su caída, que Europa entera sufriría por la guerra en tiempos más o menos futuros, tal como así sucedió y ha sucedido en tiempos recientes. Cuando faltaran la libertad, la igualdad y la fraternidad entre los hombres y las naciones, por las que él tanto había luchado, a pesar de haberle reprochado únicamente su ambición personal, Europa temblaría y se destrozaría en una serie de guerras armadas y guerras sordas, si en un momento dado alguien con claro juicio no podía poner orden en el caos.

Metternich, el declarado enemigo de Napoleón, se opuso a conceder una indemnización a la familia de Napoleón, pero éste todavía contaba con Francisco de Austria, quien se trasladaría a París el 15 de abril. Sin embargo, lo único que consiguió de los aliados, incluyendo el abuelo del rey de Roma, fue que María Luisa se quedase con Parma, negándole la cesión de la Toscana.

De todos modos, se le había prometido que su esposa y su hijo le visitarían en Fontainebleau, donde él estaba en espera de ser exiliado a algún lugar fuera de Francia. Pero también le fue negada la alegría de esta visita. María Luisa y su hijo se hallaban, por lo tanto, dentro de la red de Austria, y ya jamás podría volver a verles.

Y así, en la madrugada del 13 de abril, escribió una carta dirigida a María Luisa, y la dejó bajo la almohada de su cama. Se acercó al tocador y extrajo de un maletín un paquetito que contenía una mezcla blanduzca preparada por Iván, su cirujano, durante la campaña de Rusia. La mezcla contenía belladona, opio y eléboro blanco, tres venenos mortales si se tomaban en cantidad suficiente.

Napoleón había imaginado varios medios para suicidarse: una pistola, un cubo con carbón ardiendo en su baño endoselado, a fin de asfixiarse, pero finalmente se decidió por un método semejante al utilizado por griegos y romanos. Desenvolvió el paquete y vertió el contenido en un vaso que se bebió. Luego, llamó a Caulaincourt y se acostó.

—Acércate —le dijo al general cuando entró en el dormitorio—. Quieren alejar de mí a la emperatriz y a mi hijo —acto seguido le entregó las cartas de María Luisa, guardadas en una cartera de cuero rojo—. Dame tu mano y abrázame. Te lo mereces por tu lealtad.

Caulaincourt adivinó que se había envenenado. En efecto, Napoleón experimentó de pronto unos dolores muy agudos en el estómago y empezó a temblar violentamente. Pero no permitió que Caulaincourt llamase al médico. En esto, el cuerpo de Napoleón se quedó frío y luego le empezó a arder; tenía las piernas rígidas, y apretó los dientes para no vomitar.

En uno de sus espasmos se le abrieron las manos, y Caulaincourt aprovechó esto (pues Napoleón le tenía cogido por el cuello para que no pidiera ayuda) para salir corriendo en busca del médico. Cuando regresó a la habitación, Napoleón estaba vomitando algo de color gris. Lo ocurrido era que, a petición del propio Napoleón, Iván le había preparado una dosis tan fuerte que su organismo no lo soportó y tuvo que expulsarlo. Esto le salvó la vida.

El gran mariscal Bertrand entró a toda prisa con Iván. Napoleón pidió que le administrase otro veneno mortal, a lo que Iván se negó, y abandonó el palacio demudado. Napoleón empezó a sentirse mejor por la mañana, y por la tarde recibió una carta de María Luisa, escrita el día anterior. Al leer las frases de amor contenidas en la misiva, Napoleón experimentó de nuevo las ansias de vivir.

Finalmente, se enteró de cuál sería su destino: la isla de Elba. Luego, pasó una penosa semana en Fontainebleau.

El día de la partida hacía mucho frío. Los guardias formaron en dos filas, llevando sus uniformes de gala, y Napoleón les dirigió las siguientes palabras:

—Soldados de mi vieja guardia, os digo adiós. Durante veinte años habéis permanecido en el sendero del honor y la gloria.

Siempre fuisteis un modelo de valor y fidelidad. Con hombres como vosotros nuestra causa no podía perderse, mas no pudimos terminar con la guerra, que podía convertirse en una guerra civil, y traer más desdichas a Francia. Por esto, sacrifico vuestros intereses al servicio de Francia, y me marcho. Vosotros, amigos míos, seguiréis al servicio de la patria, que siempre amaré por encima de todas las cosas. No os entristezcáis por mí, pues si he elegido seguir viviendo ha sido para servir a vuestra gloria. ¡Deseo escribir las hazañas que juntos hemos llevado a cabo! ¡Adiós, hijos míos! ¡Me gustaría apretaros contra mi corazón, pero al menos lo haré besando vuestra bandera!

Todos los ojos se llenaron de lágrimas al oírle. Incluso los delegados de los aliados lloraron, excepto el ruso que permaneció impasible. Luego, Napoleón cogió el cuadrado de seda bordada en oro que era la bandera, la besó y abrazó durante unos segundos, y al final levantó la mano izquierda:

—¡Adiós, guardadme en vuestra memoria!

Subió al carruaje y éste partió a galope.

La abdicación de Napoleón Bonaparte era, pues, un hecho.

Los mariscales y altos funcionarios, veletas según las circunstancias, habían ofrecido sus servicios a los en otro tiempo odiados Borbones. Mientras marchaba a su nuevo destino, Napoleón recordaba cómo el conde de Artois*, jefe de los monárquicos de antaño más radicales e incluso los soberanos enemigos habían sido acogidos por los franceses con un entusiasmo indecente. «Todos parecían volver de Coblenza...

---

* Hermano de Luis XVII y que terminaría reinando con el nombre de Carlos X a partir de 1824, siendo destronado por la Revolución de 1830. Luis XVIII sería también hermano del guillotinado Luis XVI y subiría al trono a la caída de Napoleón en 1814 y más concretamente en 1815 tras los «Cien Días» de vuelta napoleónica, Luis XVII, el «Delfín», hijo y heredero de Luis XVI y de María Antonieta desaparecería tras el ajusticiamiento popular de sus padres, pero como una especie de homenaje se conservaría su memoria aunque no hubiera llegado al trono.

población en donde se refugiaron los nobles emigrados para huir de la Revolución... Pañuelos y faldas se habían convertido en banderas blancas, la enseña de los borbones franceses que intentaba su restauración en perjuicio de la bandera tricolor.» Napoleón se mostró esperanzado en que María Luisa podría vivir en Parma y que podría ir y venir entre esta ciudad y la isla de Elba.

Durante el viaje hasta el embarcadero, Napoleón fue bastante bien recibido, excepto en el Sur, donde los monárquicos rabiosos lo buscaban en los coches para colgarlo. Napoleón, valiente como el que más en el campo de batalla, tenía un miedo cerval a los tumultos, como se comprobó cuando en su golpe de Estado de Brumario, se tuvo que poner un uniforme austríaco para escapar de las violencias y por fin, se embarcó en Frejus, a bordo de un buque de guerra de la Marina Real Británica. La gran aventura, iniciada unos veinte años antes, parecía haber terminado.

CAPÍTULO XXV
EN LA ISLA DE ELBA

Fue en la mañana del día 14 de mayo cuando la fragata inglesa *Indomable* ancló en la bahía de Portoferraio. Napoleón se hallaba en cubierta, con el título de «emperador y soberano de la isla de Elba». Durante los cinco días de travesía, había diseñado la nueva bandera de su reciente reino. A mediodía, Napoleón desembarcó, siendo conducido a tierra por una lancha.

Lo que vio al llegar no le gustó demasiado: una ciudad llena de moscas y mosquitos, sucia, con las casas de color amarillento, y con calles llenas de cuestas casi imposibles de trepar. Napoleón palideció de ira, mas pronto se recobró y avanzó sonriente a recibir las llaves de la ciudad de manos del alcalde Traditi. En realidad, cuenta la leyenda, eran las llaves de la bodega del propio alcalde, pintadas de oro, pues las de la ciudad se habían extraviado. Napoleón se las confió a Traditi, por lo que éste seguramente procedería más de una vez a abrir su bodega con aquellas llaves áureas.

Los habitantes de la isla estaban encantados con su emperador, puesto que ahora todo el mundo conocería su isla, hasta entonces ignorada por completo. Después del *Te Deum*, Napoleón celebró una recepción en sus aposentos. Se había aprendido de memoria los nombres de los picos de la isla, y también su altitud, todo lo cual gustó mucho a sus nuevos súbditos.

Al día siguiente por la mañana salió a caballo para conocer su nuevo reino. Era muy pequeño y muy pobre. Los habitantes, en número de doce mil, se dedicaban a la pesca de atún y

155

anchoas; cultivaban viñas y trabajaban en las minas de hierro, al este de la isla. La agricultura escaseaba, de manera que los víveres se importaban desde Italia, a sólo ocho kilómetros de distancia. La isla de Elba, pues, era pobre, misérrima casi.

Napoleón decidió ayudar a aquellos pobres habitantes, mejorando sus condiciones de vida.

Como lo más importante era que la isla se bastase a sí misma, inició una campaña de plantación de patatas, coliflores, lechugas, rábanos y cebolla; luego, plantó cinco olivos importados de Córcega entre los viñedos, para sustituir a las higueras que impedían que las vides crecieran abundantemente. Hizo ir en busca de trigo para cultivarlo en Elba. Y para dar buen ejemplo, él mismo cavó su jardín y su huerta, y salió a pescar el atún.

Adecentó las calles de Portoferraio, creando incluso un cuerpo de basureros, que debían recoger la basura de casa en casa, basura que hasta entonces era arrojada a la calle. Pavimentó la ciudad, instaló faroles, plantó césped en torno a las chozas y casas más o menos ampulosas, y puso bancos a lo largo del muelle. Y al encontrar un manantial de agua mineral, que alivió su disuria, la comercializó con el nombre de *Acqua minerale antiúrica*.

Pero Napoleón no dejaba de acordarse de María Luisa y de Josefina. La cadena de su reloj estaba hecha con rizos de la criolla. En realidad, también Josefina se acordaba de Napoleón, y siempre esperó que algún día volvería a ella. Pero a las tres semanas de llegar Napoleón a Elba, Josefina enfermó de difteria, y a mediodía del 29 de mayo de 1814, falleció en presencia de Hortensia y Eugenio.

Napoleón se enteró de la triste nueva por una carta que Caulaincourt le escribió a madame Bertrand, la esposa del gran mariscal.

Por otro lado, no dejaba nadie tranquilo a Napoleón Bonaparte. Ni los aliados dejaron en paz a su prisionero, que no otra cosa era el corso.

Batalla de Friedland en el año 1807.

Talleyrand influyó en el Congreso de Viena para llevar a cabo un proyecto cuya finalidad era la deportación de Napoleón a una isla del Atlántico.

—Santa Elena sería un buen lugar —propuso uno de los congresistas.

—Además, aquel clima no tardará en eliminar al corso del mundo de los vivos —apoyó otra voz.

—Yo opino que desde el peñasco de la isla de Elba, Napoleón todavía puede volver a dominar a Europa —apuntó Fouché.

Y así quedó sellada la suerte de Napoleón: lo mandarían a Santa Elena.

Napoleón, cuando se enteró, se negó a ser deportado.

Mientras tanto, tampoco Europa lograba entenderse, y las naciones que la componían se comportaban entre sí como el perro y el gato.

Francia, además, detestaba a los Borbones, y las caricaturas de Luis XVIII circulaban con gran profusión por todo el país.

Este estado de cosas fue lo que decidió a Napoleón, despertando en él al león dormido que llevaba dentro. El 16 de febrero ordenó pintar al estilo inglés el viejo barco *Inconstante*. Luego, ordenó fletar dos buques, y sin pérdida de tiempo hizo que los aprovisionasen y armasen.

Diez días más tarde, el 26 de febrero, embarcó su reducido ejército formado por seiscientos granaderos y cazadores de la vieja guardia, cien soldados polacos de caballería ligera y cuatrocientos cazadores corsos.

Con este menguado ejército pretendía volver a conquistar primero Francia y después Europa.

Tras haber desembarcado en el golfo Jean, entre Cannes y Antibes, dirigió una proclama al pueblo:

Franceses, desde mi destierro oí vuestros anhelos y vuestras quejas. Sé que reclamáis el gobierno elegido por vosotros, el único legítimo. He cruzado los mares y aquí vengo a recuperar mis derechos, que también son los vuestros.

Luego se dirigió al ejército:

Soldados, acudid a alistaros bajo la bandera de vuestro único jefe. Sólo de vuestra existencia se compone la suya. El águila con los colores nacionales volará hasta las torres de NôtreDame. La victoria llegará rápidamente.

La noticia de su desembarco corrió como reguero de pólvora, y si bien por la Provenza tuvo que pasar inadvertido, ya que aquella región era borbónica en casi su conjunto, después se produjo el milagro, y el camino hasta París fue en realidad una marcha triunfal. Por doquier se escuchaban los gritos de «¡Viva el emperador! ¡Viva Napoleón Bonaparte! ¡Abajo los Borbones!»

El 7 de marzo, en el paso de Laffrey, el pequeño ejército de Napoleón se encontró frente a frente con el de Delassart, enviado con sus tropas para impedir el avance del corso.

La vanguardia de los lanceros se acercó al batallón de Delassart, causando en sus filas un enorme espanto. Delassart, ante aquel estado de cosas, no creyó prudente entablar un combate y trató de llevarse a sus soldados, perseguido por los lanceros.

Delassart ordenó a sus hombres que envainasen sus armas, y lo mismo ordenó Napoleón. Después, se adelantó hacia sus enemigos y descubriéndose el pecho gritó:

—¡Aquí me tenéis! ¡El que sea atrevido, que dispare contra mí, contra su legítimo emperador!

Las palabras de Napoleón tuvieron la virtud de conmoverlos a todos, y mil gritos parecieron subir al cielo.

Grenoble se rindió a Bonaparte, y la marcha prosiguió, a los acordes de La marsellesa, siempre escuchándose los consabidos gritos de «¡Viva el emperador! ¡Abajo los Borbones!»

De esta manera llegó a París, seguido por muchos patriotas que se unieron a su tropa por el camino. Los campesinos estaban entusiasmados. Francia estaba a punto de recuperar el cetro de Europa de la mano de su emperador.

Napoleón actuó con rapidez y prudencia. Declaró destronado a Luis XVIII, derogó a la antigua nobleza y proscribió la bandera con la flor de lis y la escarapela blanca.

El monarca huyó de las Tullerías el 20 de mayo, y Napoleón llegó al palacio a la mañana siguiente con su coche, al que se le impedía el paso a causa del gentío que invadía toda la zona.

Arrebataron a Napoleón del interior del vehículo y fue pasando de brazo en brazo hasta llegar dentro del palacio.

Ante estos hechos, los aliados, o sea Inglaterra, Austria, Rusia, Holanda, Suecia, España, Portugal y Prusia, firmaron el 13 de marzo una declaración que estaba redactada en los siguientes términos:

Al reaparecer en Francia Napoleón Bonaparte, se ha puesto fuera de las relaciones civiles y sociales y, en calidad de enemigo y perturbador del reposo del mundo, se ha entregado a la Vindicta pública.

Esto aparte, los ministros de Austria, Inglaterra, Rusia y Prusia firmaron un tratado de alianza, con la exclusiva finalidad, al parecer, de mantener la paz. Para eso, cada potencia se comprometió a tener siempre en pie de guerra a doscientos cincuenta mil hombres, lo que contabilizaba el millón.

Todas las potencias aliadas temían perder los cimientos del Antiguo Régimen, el feudalismo amparado en una monarquía más o menos absoluta, sin darse cuenta de que la Revolución Francesa y cuantos la habían sostenido, entre ellos Napoleón, era ya un movimiento imparable que, antes o después, daría al traste con las viejas instituciones, anquilosadas y desfasadas en los albores del siglo XIX.

CAPÍTULO XXVI
LOS CIEN DÍAS

¿Es Napoleón el mismo de antes?

Lo cierto era que Napoleón estaba cansado. En realidad, había perdido gran parte de aquel ímpetu primerizo que tan lejos le había llevado, junto con su patria de adopción. Los aliados, sin darse cuenta de ello, y a la vista del entusiasmo despertado por su vuelta, decidieron aplastarlo definitivamente. Por eso, los prusianos, mandados por Blücher y los anglo-holandeses, al mando de Wellington, emprendieron la marcha hacia la frontera belga para penetrar en Francia. Éstos formaban los dos primeros ejércitos aliados, siendo la primera línea de combate, y detrás iban los austríacos, los suecos y los rusos, como fuerzas de reserva.

El ministro de la Guerra francés, general Dabout, consiguió poner en pie de guerra, en tres meses, a ciento treinta mil hombres.

Benjamin Constant

El jefe más importante de los liberales era sin duda Benjamin Constant, un soltero cargado de espaldas, que llevaba gafas y vestía con negligencia. Era pelirrojo y estaba enamorado en silencio de Madame Récamier. Cuando Napoleón volvió de la isla de Elba, Constant escribió en el *Journal des Débats*: «Ha reaparecido este hombre teñido con nuestra sangre. Es

161

otro Atila, otro Genghis Khan, pero más odioso y terrible por tener a su disposición los recursos del mundo civilizado.»

Pero Napoleón, que siempre respetó a sus enemigos sinceros, invitó a Benjamin Constant al palacio de las Tullerías, y el jefe liberal se presentó allí tan dócil como un cordero.

Napoleón le contó sus intenciones. Tras él necesitaba la solidaridad de todos los franceses, los cuales gozarían de ciertas libertades, sobre todo la prensa, suprimida por los Borbones. Después, invitó a Constant a redactar una nueva Constitución. A lo que el otro aceptó, sorprendido y encantado.

Y la nueva Constitución fue un hecho en muy poco tiempo.

Los aliados divididos

Los miembros del Congreso de Viena se habían dividido en dos facciones. Prusia y Rusia, dinámicas y expansionistas, pedían más de lo que Inglaterra y Austria podían conceder. En enero, a fin de defenderse, Austria, Inglaterra y Francia habían firmado una alianza. Napoleón, como verdadero gobernante de la nación francesa, tenía algún derecho a contar con ella. El 12 de marzo le pidió a su hermano José, a la sazón en Zurich, que manifestase a los delegados de Austria y Rusia su deseo de mantener las fronteras acordadas en 1814. Especialmente solicitaba una audiencia neutral por parte de Inglaterra, donde muchas personas simpatizaban con él.

Cuando la noticia del desembarco de Napoleón en el golfo Jean llegó a Viena, Metternich celebraba un baile. Entre los invitados se contaban el zar Alejandro, Talleyrand y Wellington. De pronto, la orquesta interrumpió el vals que interpretaba, y aquellos personajes se reunieron en conferencia. Fue Talleyrand quien volvió a unirlos contra Napolcón. Éste, sin embargo, todavía deseaba conservar la paz, de manera que envió como delegado a Montrond, quien se presentó a Metternich; también escribió personalmente al príncipe regente, pero la carta le fue devuelta sin abrir.

Por consiguiente, jamás pudo demostrar sus buenas intenciones.

En vista de estas circunstancias se puso al frente del ejército de Luis XVIII, que de doscientos mil hombres aumentó a trescientos mil sin tener que recurrir a un reclutamiento. Los aliados, gracias a sus espías, estaban al corriente del entusiasmo que Napoleón despertaba en el pueblo francés. Y esto les acobardó y la decisión de exterminar a Napoleón fue en aumento.

Napoleón escribió a Francisco que permitiese a María Luisa y a su hijo reunirse con él. Añadió que esto redundaría en beneficio de Austria, pues si las circunstancias le obligaban a abdicar, su hijo reinaría bajo la regencia de la archiduquesa. Mas como todas sus cartas eran interceptadas, nunca obtuvo respuesta a las mismas.

A las cuatro semanas de haber vuelto a París, Méneval le comunicó las intenciones de María Luisa: no pensaba regresar jamás a París. Se hallaba, al parecer, subordinada por completo a Neipper, agente de Metternich, quien lo planeaba todo para mantener alejado de su madre al «Aguilucho», el joven Napoleón II. Y como Napoleón estaba muy solo en las Tullerías, se trasladó al Elíseo.

Lo más antipático y odioso de esta desagradecida segunda esposa de Napoleón, fue el despego total que sintió ante el destino de su hijo, relegando al mundo dorado, sombrío y ritual del palacio vienés de Schönbrunn, al denominado rey de Roma, que debía morir como ella, de tuberculosis pulmonar. Dramático drama el destino de este joven, totalmente olvidado por su madre, que sólo le vio en el momento de morir en 1832, desde el año 1815 en que los habían separado. Aunque la anunciada abdicación de Napoleón en él efectuada, el 22 de julio de 1815 fue algo simplemente nominal, porque el niño tenía sólo cuatro años, los bonapartistas conservaron siempre el ordinal del niño Napoleón II que reinaría sólo de manera efectiva unos días. Este Napoleón II es grato a la mitología napoleónica, porque con él se extingue la línea directa y legítima.

En Austria, Napoleón II cambió incluso su nombre. Se le llamó Franz como su abuelo materno y recibió a los siete años el título de duque de Reichtadt, gracias al cual ocupó un rango inmediatamente después de los archiduques de sangre real. El joven se granjeó en su nueva patria la simpatía general, aun contra lo que fraguó la leyenda; el onmipotente príncipe de Metternich, vigiló siempre su educación, su correspondencia, y auscultó sus sentimientos para evitar que la leyenda napoleónica que iba creciendo avasalladora afectara al joven pretendiente de los bonapartistas franceses. Salvo este control, el duque de Reichtadt fue en general bien tratado en la corte imperial danubiana, mientras aumentaba su prestigio, de forma semejante a lo que acontecía en Francia con su padre. Si la frívola de su madre se desentendió del heredero napoleónico, no es más cierto que el canciller austríaco contribuyó a ello, vigilando a María Luisa para que no saliera de su jaula dorada de Parma.

El duque de Reichtadt, cuando llegó su mayoría de edad, pudo leer toda la historia del imperio paterno en las bibliotecas de su abuelo, donde estaban todas las obras a él referidas. Sin embargo, de poco le iba a servir, por cuanto enfermó y falleció al cabo de muy poco tiempo, concretamente el 12 de julio de 1832, después de una terrible agonía de tres meses. Su enfermedad y su muerte fueron aprovechadas abusivamente por una serie de autores tendenciosos que creyeron que había sido una víctima del veneno de Metternich, a quien le resultaba demasiado peligroso mantener viva la llama de la descendencia de su más empecinado enemigo. Al parecer, pocas veces una historia clínica ha sido más claramente explicada y más con el precedente de la tuberculosis de su madre. La acuarela que Isabel le hizo casi recién nacido, nos muestra un «rey de Roma» con la cabeza y el rostro provocadoramente

Subiendo a bordo del barco inglés Bellerofonte, en calidad de prisionero de Estado.

de su padre, no en vano era el retrato de presentación al por entonces victorioso estadista.

Todavía Napoleón en su prisión de Santa Elena, su casquivana segunda esposa, casada con el baron Von Neipperg, tuvo dos hijos: Albertina-María y Guillermo, y cuando el César francés falleció en mayo de 1821, se hallaba de nuevo encinta, contrayendo tres o cuatro meses más tarde con Neipperg matrimonio morganático. Neipperg fallecería en 1829.

María Luisa, amable, voluble y perezosa, tuvo infinidad de deslices amorosos. Ya viuda se volvió a casar con su gran chambelán, el conde Charles-René de Bombelles, que al parecer fue víctima de las infidelidades de su esposa con los más variopintos personajes. El último, fue un tenor francés, Jules-Lecomte que se sometió a la lujuria de la austríaca en 1846, cuando la ex emperatriz, tuberculosa, esquelética y desdentada, le asaltó materialmente, meses antes de su muerte, que aconteció el 17 de diciembre de 1847.

CAPÍTULO XXVII

WATERLOO

Mas Napoleón sabía que no tardaría ya el día en que tendría que volver a luchar contra los ingleses. Al perder Bélgica, Francia había perdido su frontera del Rhin, por lo que la antigua ruta de invasión quedaba abierta por completo. Fue allí donde empezaron a reunirse los ingleses y los prusianos. Napoleón, como era su costumbre, decidió atacar al instante.

Después de una cena de despedida con su vieja madre, sus hermanos y Hortensia, su hijastra, salió de París el lunes, 12 de junio. Gozaba de excelente salud y tenía buen ánimo, ya que confiaba en poder derrotar a Wellington y a Blücher por separado. El día 13 se reunió en Avesnes con su ejército de ciento veinticinco mil hombres. Al amanecer del día 15, después de sorprender a los prusianos, se apoderó de Charleroy y usó sus puentes para atravesar el río Sambre.

Al siguiente día, los prusianos se dispusieron a hacer alto en Ligny, mientras que Wellington conjuntaba su ejército en una encrucijada a once kilómetros al noroeste de Ligny. Napoleón ordenó a Ney, que mandaba el ala izquierda, que atacara la encrucijada, llamada Quatre bras, por la mañana, para dirigirse acto seguido a Bruselas, donde debía llegar el 17 por la mañana.

Ney vaciló, y Napoleón tuvo que mandarle otra orden. Entonces Ney obedeció, emprendiendo el combate a las dos de la tarde, pero Wellington ya contaba con refuerzos suficientes para contener el ataque francés.

Napoleón, por su parte, obtuvo una nueva victoria en Ligny frente al ejército prusiano, muy superior, y estuvo a punto de hacer prisionero a Blücher, al caer éste de su montura. De todos modos, Napoleón no pudo aprovecharse de aquella victoria para marchar hacia Bruselas, a causa de la lentitud de Ney.

Según un diario de guerra, los acontecimientos sucesivos se desarrollaron como sigue:

Napoleón estableció su cuartel general en Le Caillou, que era una vivienda de color blanco y rosado. Allí se despojó de su ropa empapada y se echó sobre un montón de paja, mientras se secaba frente al fuego. Por la noche se produjo un fuerte aguacero, y él salió tres veces a reconocer el terreno. Cuando los centinelas le dieron el «¿Quién vive?», respondió: «Biron, Brest, Bonté».

A las 6 se desayunó con sus generales, incluido José. Napoleón, ante la noticia de que Wellington estaba reagrupando todas las fuerzas, exclamó:

—¡Vaya estupidez! ¡Después de una batalla como la de Ligny, es imposible que unan sus fuerzas!

Sintiose aliviado al ver que ya no llovía, lo que significaba que podría maniobrar con sus cañones. Con buen humor les dijo a sus generales: «Tenemos noventa probabilidades a nuestro favor y las otras diez no están en contra nuestra».

Montando en su yegua blanca Desirée inspeccionó sus tropas mientras la banda interpretaba Veillons au salut de l'Empire. Los generales condujeron entonces sus unidades a las posiciones de un frente de cuatro kilómetros. Napoleón decidió aguardar a que el terreno estuviera más seco.

Se fue a dormir, encargando a Jerónimo que le despertase a las once.

A esa hora se levantó descansado y adoptó una posición en un terreno elevado, cerca de la granja de Rossome, con paja bajo los pies para evitar resbalones.

Desde allí dirigiría el combate. Contaba con setenta y dos mil hombres y doscientos cuarenta y seis cañones, mientras que Wellington mandaba a sesenta y ocho mil hombres, de los que sólo veinticuatro mil eran ingleses, y ciento cincuenta y seis cañones. Napoleón propuso atacar el ala izquierda del enemigo para tomar la carretera principal. Diez divisiones de artillería abrirían una brecha mediante explosivos, y entonces atacaría D'Erion.

A las once y veinticinco dio la señal para que tronasen los cañones. Mientras tanto, envió a Jerónimo contra el ala derecha contraria, situada en el castillo d'Hougoumont, tratando con esto de desviar a las tropas inglesas del centro. Y Jerónimo luchó con tanto ánimo que la batalla de diversión se convirtió en un combate a muerte.

Al cabo de media hora de disparar cañonazos, Napoleón juzgó llegado el momento oportuno de atacar. Envió el primer cuerpo al mando de D'Erion; cada una de las cuatro divisiones de infantería tenía un frente de ciento cincuenta metros.

Wellington sabía, por experiencia, el daño que causaban los cañones franceses, de manera que adoptó sus precauciones. Su infantería y caballería se hallaban situadas en las pendientes del lado opuesto, donde sufrieron sólo pérdidas mínimas.

Cuando las tropas de D'Erion subían las pendientes a bayoneta calada, apareció la infantería de Wellington en lo alto del cerro y abrió fuego con rapidez y seguridad. Los franceses, al vacilar, no lograron replegarse a tiempo, y entonces se arrojaron sobre ellos los Scots greys. *Mil doscientos soldados de caballería persiguieron a los franceses por el valle. Cuando Napoleón comprendió que estaban a punto de capturar el centro de sus líneas, que era la meseta de La Belle Aliance, galopó en su Desirée campo a través, a fin de lanzar a los coraceros del general Favine contra los* Scots greys. *Los coraceros, apoyados por lanceros, destrozaron a los valientes escoceses, aunque esto le sirvió a Napoleón de consuelo muy débil, ya que habían muerto o estaban malheridos cinco mil franceses. El primer asalto lo había perdido.*

La batalla principal

Después de la una de la tarde, Napoleón trasladó el cuartel general a un kilómetro y medio de la Belle Alliance, desde donde avistó una gran columna de soldados que se aproximaba hacia su flanco derecho; se trataba de la vanguardia de Blücher. Napoleón se había equivocado al creer que la derrota sufrida por Blücher en Ligny dejaría fuera de combate a los prusianos. De este modo se vio obligado a destacar diez mil infantes de reserva para detener a los prusianos. El resto del día lo pasó luchando en dos frentes: el principal contra Wellington y otro menor contra los soldados de Prusia.

Entonces, la batalla principal se realizó en forma de ataques de caballería sin apoyo contra el centro de los aliados. No obstante, Ney mandaba carga sobre carga contra los chaquetas rojas. Napoleón dejó que Ney luchase hasta las cuatro de la tarde, hora en que envió a la reserva de caballería para ayudarle en su difícil posición.

A las seis treinta, Ney conquistó la granja clave de La Haye Sainte, y Napoleón decidió exponerlo todo en un último esfuerzo contra Wellington, antes de que llegaran más prusianos.

Enviaría la guardia hacia las laderas peladas del monte San Juan. Una hora más tarde, mientras redoblaban los tambores y la banda de granaderos interpretaba la obra de Gebauer, *Marche de Bonnets*, Napoleón llevó los cinco batallones de la guardia al pie del monte. Allí fue Ney quien tomó el mando, y los condujo monte arriba en filas de sesenta de frente; fueron recibidos con fuego seguro y rápido. Cayeron muchos, pero los restantes continuaron su empuje. Durante veinte minutos el filo de la batalla permaneció indeciso.

Otro segundo cuerpo prusiano al mando de Ziethen acababa de entrar en escena y amenazaba el ala derecha de

Napoleón. Wellington, al saberlo, ondeó tres veces su sombrero en dirección a los franceses. Tres regimientos de húsares bajaron por la colina, y al momento destruyeron uno de los cuadros de la guardia. La caballería de Ziethen cargó contra el flanco derecho, y poco después circuló por el campo de batalla una noticia espantosa: «¡La guardia retrocede!» Jamás había ocurrido una cosa igual. Cuando anocheció, los franceses huyeron y se dispersaron.

CAPÍTULO XXVIII
DESPUÉS DE WATERLOO

Napoleón llegó a Genappe entre uno de los dos cuadros de guardias aún con vida. Allí subió a su coche, y de pronto divisaron a la caballería prusiana que perseguía a los franceses en retirada. Napoleón saltó del coche y montó en su yegua, para dirigirse a Charleroi, asistido por una escolta de lanceros. Entre muertos y heridos había perdido veinticinco mil hombres, sin contar los dieciséis mil prisioneros. Wellington, por su parte, tenía unas pérdidas de quince mil hombres, y los prusianos, siete mil.

Al día siguiente, Wellington comentó que Waterloo había sido «la cosa más parecida a una marcha forzada que viera en su vida».

Napoleón, por otro lado, se hallaba desconcertado. No entendía qué había fallado. En realidad, la respuesta a este enigma que a muchos historiadores les ha preocupado sin encontrar la solución estriba más bien en algo ocurrido lejos del campo de batalla.

Según Stefan Zweig, en su biografía de Napoleón, el error de éste consistió en no haber aprovechado la oportunidad de aplastar a Wellington cuando el día 17 tenía la suerte a su favor, pasó la mañana viendo a los heridos. También erró al darle a Ney la orden de atacar a causa del confuso trabajo de su personal, cuyas culpas iba a pagar Napoleón.

Sin embargo, tuvo otro error: juzgar mal a los ingleses. No solamente a los soldados, quienes bajo el fuego y ante la adversidad continuaban serenos y fríos, sino también a Wellington. Y, finalmente, cometió otro error: confió demasiado en sí mismo. La mañana del 18 pudo hacer caso a la información que tuvo sobre los prusianos. Mas pensó que la batalla de Ligny había sido poco menos que definitiva para aquéllos. Esta seguridad en su criterio era como una huella de su personalidad que, casi siempre, le había dado la suerte en los campos de batalla, pero aquella vez, cuando más necesitaba de su buena estrella, le falló.

Y con Waterloo se hundió todo el imperio napoleónico de una vez por todas.

Y cuando volvió a París, en lugar de disolver la Asamblea, reunió al consejo de Estado y conferenció, pidiendo otra vez plenos poderes.

Santa Elena

Mientras la muchedumbre se apretujaba en torno al Elíseo, dando vivas al emperador, los representantes del pueblo discutían la petición de Napoleón. Todos pensaban lo mismo: era preciso obtener la paz. Como los aliados no querían firmarla en tanto Napoleón continuase en el poder, debía marcharse. Y un consejo privado le dio este mensaje: abdicar o ser depuesto. Le concedían una hora para decidirse.

Napoleón se encolerizó, y Luciano le aconsejó que repitiese el 19 Brumario, disolviendo la Asamblea. Pero Napoleón comprendió que los tiempos habían cambiado y decidió abdicar, pensando que así quizá salvaría el trono para su hijo.

Esto le decidió. Entonces, le ordenó a Luciano que escribiese lo siguiente a su dictado:

> *Franceses, cuando inicié la guerra para conservar la independencia de nuestro país, contaba con un esfuerzo y un deseo unidos y con la ayuda de todos los que ostentan el poder. Creo que las circunstancias han cambiado. Me estoy sacrificando al odio de los enemigos de Francia. Mi vida política ha terminado y proclamo a mi hijo, Napoleón II, emperador de Francia.*

Tres días más tarde, se retiró a La Malmaison. Esperaba todavía que la Asamblea le apoyase, y por eso se ofreció como general para mandar alguno de los ejércitos franceses, pero su oferta fue rechazada por Fouché, presidente del gobierno provisional, quien ya había escrito a Luis XVIII.

El 30 de junio, Wellington llegó a las puertas de París, y ausente el zar, el vencedor de Waterloo sería quien decidiría la cuestión dinástica. La Asamblea acogió con agrado la sugerencia del inglés, según la cual el cambio de dinastía era un acto revolucionario que podía llevar aparejado la desmembración de Francia. Y nunca más volvió a hablarse de un Napoleón II.

Napoleón pasó cinco días en La Malmaison. Los ingleses habían elegido para su destierro la isla de Santa Elena, perdida en la inmensidad de los mares.

La despedida final

Por la tarde del 29 de junio, Napoleón le dijo adiós por última vez a su madre y a Hortensia. Eran las cinco cuando abandonó La Malmaison y tomó la ruta de Biscay a través de Vendôme, Niort y Poitiers. Por el camino iba comiendo unas cerezas que él mismo adquirió. El 3 de julio llegó a Rochefort, que encontró bloqueado por un barco inglés, el *Bellerofonte* y otros dos más pequeños.

¿Intentaría Napoleón burlar aquel bloqueo, ocultándose en el cargamento de un buque neutral, para marcharse a América? Esta idea no le gustó, pues sonaba demasiado a falsa aventura. Lo mejor era rendirse al capitán del buque inglés.

El 13 de julio Napoleón subió a bordo del *Bellerofonte*, vistiendo uniforme verde de cazadores. Levantó un poco el sombrero, se inclinó, y le dijo en francés a Maitland, el capitán del navío:

—Señor, vengo a bordo para pedir la protección de vuestro príncipe y de vuestras leyes.

Cuando estuvo en su camarote pidió que le presentasen a la oficialidad del barco. Cumplido con este protocolo, les dijo:

—Caballeros, ahora tengo el honor de pertenecer a la nación más valiente y afortunada del mundo.

El enigma es si se refería a Francia o a Inglaterra.

El *Bellerofonte* se hizo a la vela al día siguiente. Y Napoleón, en contra de todas sus esperanzas, pensando en la posible magnanimidad del gobierno inglés, quedó prisionero de Estado. No estaría jamás en Inglaterra, sino que iba a ser deportado a una isla muy remota, perdida en el Atlántico africano.

Como dijera nuestro pensador y político Jaime Balmes: «Quien no se conforma con dominar vastos imperios se va a morir a un punto perdido en medio del océano».

Santa Elena o Sain Helena, que todavía pertenece a Inglaterra, se halla situada en el Atlántico sur a 1.930 km. de África y a 3.500 de Brasil; tiene sólo una extensión de 122 km^2 y en la actualidad no rebasa los 6.000 habitantes. La capital es Jamestown. Es una isla volcánica muy accidentada, de gran interés ecológico por su flora y fauna. El principal recurso económico es la pesca, seguido de la artesanía de la madera. La isla se mantiene por la ayuda económica de la metrópoli, al igual que Ascensión, vinculada administrativamente a Santa Elena, y el archipiélago Tristan de Cunha.

Descubierta por el portugués Joao de Nova Castella en 1502, pasó en el siglo XVII a los holandeses; los ingleses la ocuparon en 1659 y la cedieron a la Compañía de Indias. De nuevo en manos holandesas, volvió definitivamente a las británicas, que en 1834 la hicieron depender directamente de su gobierno. En el siglo XIX fue puerto de escala en la ruta hacia la India hasta la apertura del canal de Suez.

En este escenario paradisíaco, pero perdido, se va a desarrollar la última etapa del drama napoleónico. ¡Qué lejos le parecería de Francia a diferencia de la isla de Elba!

CAPÍTULO XXIX
NAPOLEÓN, EN SANTA ELENA

En Santa Elena vivió a solas con sus recuerdos. Pero ni siquiera allí pudo gozar de paz y tranquilidad. El gobernador de la isla se llamaba Lowe, y era un inglés impuesto por el gobierno de su país con el único fin de mantener estrechamente vigilado a Napoleón.

Lowe llevó a cabo su cometido fielmente, con un rigor digno de mejor causa. Le acechaba por todas partes y en todo momento.

Sin embargo, los cinco años y medio que Napoleón pasó en Santa Elena fueron muy fructíferos para la Historia, puesto que dedicó sus ratos de ocio, que eran casi todos los del día, a poner en orden sus recuerdos y a redactar sus *Memorias,* con consejos y advertencias muy personales, tanto sobre el arte militar como el arte político.

Durante los nueve primeros meses, Les Cases, buen amigo suyo, que le hacía más llevadero aquel destierro, le dio clases de inglés, pero Napoleón era muy torpe para los idiomas y al final se cansó de cometer errores tanto al hablarlo como al escribirlo. Cambió las clases de inglés por el teatro, y así leía en voz alta pasajes de las obras de Racine, Corneille o Molière.

Muchas noches le costaba conciliar el sueño, y otras se despertaba a las tres de la madrugada. Napoleón, sus compañeros y sus criados no estaban solos en Longwood, la fortaleza de Santa Elena, puesto que allí había ratas, centenares, millares de ratas.

Napoleón empezó a llevar una vida monótona, siempre rigurosamente metódica en sus costumbres. En ocasiones, contemplaba el ancho mar, y pasaba horas en tal contemplación.

En julio de 1820 cayó enfermo, con grandes náuseas y dolores en el costado derecho. Su médico, un corso llamado Antommarchi, diagnosticó hepatitis y le ordenó hacer ejercicios y tomar enemas. Napoleón no respondió a este tratamiento y empezó a perder peso. Fue entonces cuando realmente sintiose muy solo y muy triste.

Más adelante, el 5 de enero de 1821, le instalaron un balancín en la antecámara, pero esto no le devolvió la salud. Padecía frecuentes vómitos y el dolor se le agudizó. En febrero ya no podía digerir ni las comidas más ligeras, y le desapareció la redondez de sus mejillas.

El 17 de marzo fue a dar su último paseo en coche. El 22 del mismo mes, Antommarchi, semejante a los médicos de Molière, que tanto habían hecho reír a Napoleón, aseguró que éste padecía una gastritis aguda y prescribió fuertes dosis de un vomitivo tartárico. Pero éste le produjo tantos dolores que Napoleón perdió toda su confianza en aquel médico.

Mientras tanto, Lowe trataba de no perder de vista al ilustre enfermo, espiándole y haciéndole espiar constantemente.

Por fin, decidieron llamar a otro médico, un tal Arnott, el cual examinó a Napoleón el 2 de abril. Tras lo cual aseguró que se trataba de una dolencia leve. Pero Napoleón continuó con sus dolores y sus vómitos, y como su padre había fallecido de cáncer, temió que ésta fuese también su enfermedad.

Con esta idea, el 13 de abril, llevando ya cuatro semanas postrado en cama, dictó su última voluntad a Montholon, uno de sus fieles acompañantes, aunque durante tres días redactó diversas versiones.

El día 28 vomitó ocho veces. Entonces se obsesionó con las bebidas, preguntando a cada instante qué le convenía más tomar, si, por ejemplo, horchata o limonada.

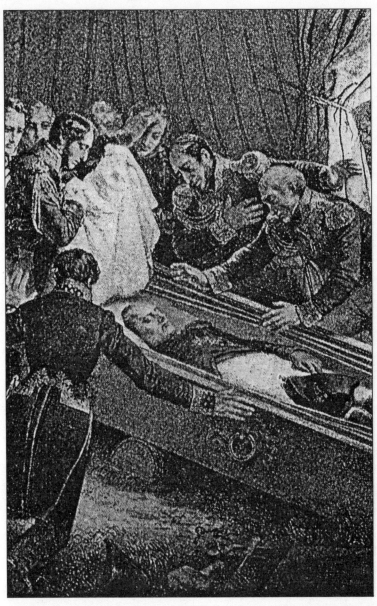

Sin llegar a cumplir los cincuenta y dos años de edad, muere en el destierro el emperador de los franceses.

El 3 de mayo, los médicos dictaminaron ya que Napoleón no viviría mucho tiempo. Ni siquiera se hallaba en condiciones de recibir la sagrada comunión, pues no soportaba ya nada en el estómago.

Y el final le sobrevino el día 5 de mayo a las cinco y cuarenta de la tarde, cuando dejó de respirar y se paró su corazón. Era el 5 de mayo de 1821. Todavía no había cumplido los cincuenta y dos años.

Fue enterrado en la misma isla de Santa Elena, y en su tumba no se puso otra inscripción que su nombre, *Napoleón*.

Así murió el emperador de los franceses, el que había tratado de modificar el mapa de Europa, a la par que sus costumbres, sus creencias y su arte de la política.

CAPÍTULO XXX
CONCLUSIÓN

Como colofón a esta biografía de Napoleón Bonaparte, damos a conocer unas palabras escritas por Alfonso Esquiros, representante del pueblo francés, en 1850, acerca de la figura de Napoleón y de lo que en aquella época, después de la Revolución Francesa de 1848, significaba el genial corso para la opinión de los franceses:

Napoleón no representa ni una doctrina, ni un sistema, ni un principio; representa, si acaso, una necesidad histórica. Lo que tal hombre debía temer más en el mundo era estar en situación de gobernar. Temía a la paz y la temía con razón: la paz le hubiese matado, revelando su impotencia para dominar un estado de tranquilidad. Sólo mantenía a la Francia embriagándola con el olor a pólvora. Y llegó a tiempo. Su misión consistía en matar la guerra exagerando los medios de exterminio. Desmoralizó a la guerra como Carrier había desmoralizado el suplicio.

Lejos de nosotros la idea de menospreciar a Napoleón. Puede continuar sobre su columna, puede continuar en su cielo homérico. Napoleón fue uno de los accidentes de la Revolución Francesa. Era preciso que la nación, tras consagrarse a la libertad, se consagrara en la gloria, para que los pueblos vecinos, viendo sus ideas por doquier, su brazo en todas partes, reconociesen la misión providencial de esta raza gala que da luz a las demás después de habérsela dado

181

a sí misma. Ella nutre a la humanidad con su sustancia, con su sangre vertida sobre los campos de batalla.

Pero no hay que pedirle más al emperador ni al imperio. Napoleón hubiese sido impotente tanto después de la victoria como lo fue después de la caída. ¿Él, darle a Francia la libertad? ¿Él, convertirse en el alma de un orden nuevo fundado en la igualdad de derechos, en la asociación y en la armonía de los intereses? Error... Pensar así sería desconocer la ley del progreso, sería desviar la admiración hacia quimeras; las fuerzas materiales de un pueblo pueden, en un momento dado, absorberse en un solo hombre; las fuerzas morales, no.

Francia se pertenece a sí misma, Francia no es un solo hombre, ni siquiera lo es con un recuerdo; Francia está consigo misma.

Oh, si Napoleón pudiese hablar a los nuevos cortesanos del Imperio desde el fondo de su exilio, desde el fondo de su tumba, les diría:

«Dejadme en mi pasado grandioso, dejadme en la majestad de mis recuerdos; fui lo que podía ser. No uséis ni abuséis de mi nombre ni de mi memoria, haciendo de ese nombre y de esa memoria nacional una bandera de guerra civil. ¡Ya basta! ¡No profanéis mi mortaja! ¡No agitéis mi polvo, no atormentéis mis huesos! Yo fui el genio militar de Francia; al verla traicionada por su estrella, yo le cedí la espada del extranjero en su seno, y me dejé morir. ¿Qué queréis ahora? ¿Qué esperáis de mi nombre? Pedid la vida a los vivos, buscad el nuevo espíritu en las nuevas generaciones, continuad a vuestro estilo, bajo otras formas y de acuerdo con vuestras necesidades, el movimiento revolucionario del que yo fui el portaestandarte. Yo nada he de enseñaros, pues el hombre del pasado militar nada tiene que decir. Sed vosotros por vosotros mismos. Sed de vuestro tiempo, no seáis del mío. Conformad la humanidad y construid, para que ésta no suspire ni sufra, un nuevo mundo.»

Hasta aquí las palabras de alguien que vivió inmediatamente después de la era napoleónica. Tal vez los defectos de Napoleón Bonaparte se agrandaban por este motivo, empequeñeciendo sus virtudes. Los muertos de las guerras se hallaban todavía recientes en sus tumbas.

Pero hoy, con la perspectiva que concede el paso del tiempo, no es posible juzgar a Napoleón con tanto rigor. Napoleón, no hay que olvidarlo, fue un adalid del republicanismo, un hombre que sólo tuvo un ideal: lograr la libertad, la fraternidad y la igualdad para todas las naciones del mundo que a la sazón contaban.

CRONOLOGÍA

1768 — 15 de mayo: se formaliza la venta de Córcega a Francia.

1769 — Nace Napoleón en Ajaccio el 15 de agosto.

1779 — Carlos Bonaparte acude a Francia como diputado por Córcega.

1784 — 22 de octubre: Napoleón consigue plaza de artillero en la escuela militar de París.

1785 — En febrero muere Carlos Bonaparte a los 39 años.

1789 — Estalla la Revolución Francesa. Napoléon desempeña un papel activo en la resistencia corsa.

1792 — 1.º de abril: es nombrado segundo comandante de los voluntarios corsos.
— En junio se reintegra al ejército francés como capitán.

1793 — En octubre es nombrado comandante de un batallón de artillería en el sitio de Tolón.

1794 — Destinado a Italia como comandante de artillería.

1795 — 5 de octubre: nombrado por Barras comandante de la guarnición de París, aplasta la insurrección monárquica y salva la Convención. Es nombrado general en jefe del Ejército del Interior.

1796 — 2 de marzo: es ascendido a comandante en jefe del Ejército de Italia.
— 9 de marzo: se casa con Josefina, viuda del general Beauharnais.
— 10 de mayo: victoria en Lodi.
— 15 de mayo: Napoleón entra en Milán.

1797 — Batalla de Rívoli.
— 17 de octubre: tratado de Campoformio, por el que Napoleón se anexiona los territorios cedidos por los austríacos.

1798 — Napoleón embarca rumbo a Egipto.
— 1 de julio: Llega a Alejandría.
— 21 de julio: batalla de las Pirámides.
— 24 de julio: entrada de los franceses en El Cairo.
— El 2 de agosto Nelson destruye la escuadra francesa en la batalla de la bahía de Abukir.

1799 — 19 marzo-10 de mayo: sitio de San Juan de Acre.
— 24 de julio: victoria francesa sobre los turcos en Abukir.
— En agosto Napoleón sale de Egipto.
— 25 de diciembre: Napoleón es elegido primer cónsul por diez años.

1800 — En mayo Napoleón conduce a su ejército a través del paso del Gran San Bernardo.

— 14 de junio: batalla de Marengo.
— En 24 de diciembre se produce un intento de asesinato contra Napoleón.

1801 — El 9 de febrero se firma el tratado de Luneville con Austria.
— 23 de marzo: es asesinado Pablo I.
— En 15 de julio se firma el concordato.

1802 — Tratado de Amiens con Inglaterra.
— Fundación de la Legión de Honor el 8 de mayo.
— El 3 de agosto Napoleón es elegido cónsul vitalicio.

1803 — Inglaterra se niega a abandonar Malta y Francia a evacuar Holanda, Suecia y el Piamonte.
— Napoleón proyecta invadir Inglaterra, por haber embargado ésta los barcos franceses.

1804 — El 9 de marzo es detenido Cadoudal cuando preparaba un atentado contra Napoleón.

1804 — El 20 de marzo es ejecutado el duque de Enghien en Vicennes.
— El Senado ofrece a Napoleón, el 18 de mayo, la corona imperial.
— Coronación de Napoleón y Josefina el 2 de diciembre.

1805 — El 11 de abril se firma la tercera coalición entre Inglaterra, Austria y Rusia.
— En mayo Napoleón es coronado rey de Italia.
— 20 de octubre: batalla de Trafalgar.
— 2 de diciembre: batalla de Austerlitz.

1806 — En enero muere William Pitt.

— José Bonaparte es nombrado rey de Nápoles, y Luis Bonaparte proclamado rey de Holanda.

— En agosto se deshace el Sacro Imperio Romano Germánico. Y Francisco II se convierte en Francisco I, emperador de Austria.

— 14 de octubre: batallas de Jena, Saalfeld y Auerstäd.

— En noviembre Napoleón ordena el bloqueo de Inglaterra. Invade Polonia. Se relaciona con María Walewska.

1807 — En junio Napoleón se entrevista con Alejandro I.

— Jerónimo Bonaparte es nombrado rey de Westfalia.

— El 27 de julio Napoleón regresa a París.

— En noviembre, Portugal se niega a participar en el bloqueo contra Inglaterra y Napoleón envía a Junot a Lisboa.

1808 — El 3 de febrero las tropas francesas entran en Roma con el pretexto de que el papa Pío VII no ha contribuido al bloqueo.

— En marzo Murat ocupa Madrid.

— En mayo un levantamiento popular obliga a abdicar a Carlos IV en favor de Fernando VII. Napoleón los retiene prisioneros en Bayona y hace rey de España a José Bonaparte.

— Murat, rey de Nápoles.

— Estalla en España un levantamiento patriótico.

— El 23 de julio Dupont capitula ante los españoles en Bailén.

— El 1.º de agosto Wellington desembarca con las tropas inglesas en Portugal.

— En setiembre entrevista de Napoleón con el zar Alejandro I en Erfurt.

— En 5 de noviembre Napoleón llega a España. El 2 de diciembre ocupa Madrid.

1809 — Regresa a París al romperse las hostilidades con los austríacos. Conspiración de Talleyrand y Fouché.

— El 13 de mayo Napoleón entra en Viena.

— En 10 de junio se apodera de Roma y del Estado Pontificio. Destierra al papa Pío VII.

— 16 de diciembre: anulación del matrimonio con Josefina.

1810 — Napoleón se casa el 2 de abril con la princesa María Luisa de Austria.

1811 — 20 de marzo: nace el rey de Roma.

1812 — Ultimátum de Alejandro a Napoleón para que abandone Prusia.

— Napoleón cruza el Niemen y entra en Rusia.

— 17 de agosto: conquista de Smolensko.

— 7 de septiembre: batalla de Borodino.

— 14 de septiembre: entra en Moscú sin oposición.

— 19 de octubre. La baja temperatura obliga a Napoleón a retirarse de Moscú.

— 22 de octubre: golpe de Estado en Francia. Malet se hace con el poder y anuncia la muerte de Napoleón.

— A finales de noviembre, cruce del Beresina.

— El 18 de diciembre Napoleón deja el ejército y regresa a París.

1813 — Prusia firma un tratado de alianza con Rusia.

— En 21 de junio Wellington derrota al ejército francés en Vitoria.

— En setiembre, batalla de las Naciones, en Leipzig.

1814 — 25 de enero: Napoleón sale de París habiendo visto por última vez a María Luisa y al rey de Roma.
— En febrero y marzo se producen victorias francesas, pero no logran contener a los aliados.
— 31 de marzo: el zar y el rey de Prusia entran en París.
— El 1.º de abril Talleyrand forma gobierno provisional.
— El 2 de abril el Senado derroca al emperador.
— Napoleón abdica el 6 de abril.
— El 20 de abril parte para la isla de Elba.

1815 — Napoleón regresa a París.
— El 1.º de marzo desembarca en el golfo Jean.
— El 20 de marzo llega a París de donde ha huido Luis XVIII.
— Batalla de Waterloo en 18 de junio.
— El 22 de junio Napoleón abdica de nuevo.
— El 15 de julio se rinde a los ingleses a bordo del *Bellerofonte*.

1816 — Ya en Santa Elena, dicta sus *Memorias* a Las Cases.

1821 — El 5 de mayo muere Napoleón.

ÍNDICE